누구나 글씨가 예뻐지는 **30일** 쓰기 연습

초등학생 반듯한 글씨체 만들기

누구나 글씨가 예뻐지는 **30일** 쓰기 연습
초등학생
반듯한 글씨체
만들기

지은이 강승임
그린이 윤혜영
펴낸이 정규도
펴낸곳 (주)다락원

초판 1쇄 발행 2019년 7월 22일
8쇄 발행 2025년 12월 26일

편집장 최운선
편집 박현혜, 조선영
디자인 All Contents Group

다락원 경기도 파주시 문발로 211
내용문의 (02) 736-2031 내선 276
구입문의 (02) 736-2031 내선 250~252
Fax (02) 732-2037
출판등록 1977년 9월 16일 제406-2008-000007호

Copyright © 2019, 강승임

저자 및 출판사의 허락 없이 이 책의 일부 또는 전부를 무단 복제·전재·발췌할 수 없습니다. 구입 후 철회는 회사 내규에 부합하는 경우에 가능하므로 구입문의처에 문의하시기 바랍니다. 분실·파손 등에 따른 소비자 피해에 대해서는 공정거래위원회에서 고시한 소비자 분쟁 해결 기준에 따라 보상 가능합니다. 잘못된 책은 바꿔 드립니다.

ISBN 978-89-277-4742-0 63640

http://www.darakwon.co.kr
다락원 홈페이지를 통해 인터넷 주문을 하시면 자세한 정보와 함께 다양한 혜택을 받으실 수 있습니다.

누구나 글씨가 예뻐지는 **30일** 쓰기 연습

초등학생 반듯한 글씨체 만들기

강승임 지음

다락원

머리말

공부와 글쓰기를 잘하는 법, 그 시작은 반듯한 글씨예요!

지난 20년 동안 아이들을 가르치면서 한 가지 이상한 점을 발견했어요.
공부와 글쓰기를 둘 다 잘하는 아이들은 모두 글씨도 잘 쓴다는 사실이에요.
반대로 공부에 점점 흥미가 떨어지고 글쓰기를 대충하는 아이들은
글씨가 삐뚤빼뚤한 경우가 많았지요. 못생긴 글씨의 필기나 글은 대체로
정리가 어수선하고 내용이 뒤죽박죽이었어요.

이 사실을 알고부터는 공부나 글쓰기를 가르치기 전에
글씨부터 바르게 쓸 수 있도록 도와주었어요.
그랬더니 아이들의 마음이 차분해지고 집중력이 높아지면서
공부와 글쓰기 실력도 눈에 띄게 올라갔지요.

이 책에 바로 그 비법을 담았답니다.
단순히 글씨 연습만 많이 한다고 글씨가 예뻐지는 건 아니에요.
바르고 예쁜 글씨를 쓰려면 그 원리를 알아야 해요.
획을 긋는 법과 자음과 모음을 적당한 크기로 적절한 위치에 쓰는 법을 알아야지요.
이 책이 도움을 줄 거예요. 하루 15분 정도 연습하면
30일 안에 반듯한 글씨를 쓸 수 있을 거예요!

강승임

이 책의 활용법

이 책은 매일 2장씩 연습할 수 있도록 구성되어 있어요. 처음 한두 쪽은 바른 글씨의 원리를 쉽게 이해할 수 있도록 설명을 실었고요. 다음 두세 쪽은 앞의 원리를 적용하여 글씨 연습을 할 수 있도록 따라 쓰기와 혼자 쓰기 연습장을 실었어요. 다음 순서로 활용해 보아요.

❷ 그 날 연습할 주제에 관한 내용을 천천히 읽어요.
　이때 바른 글씨 쓰기 원리를 마음에 새겨요.

❶ 날짜를 써요.
　글씨 연습을 하겠다는 마음의 표시예요.

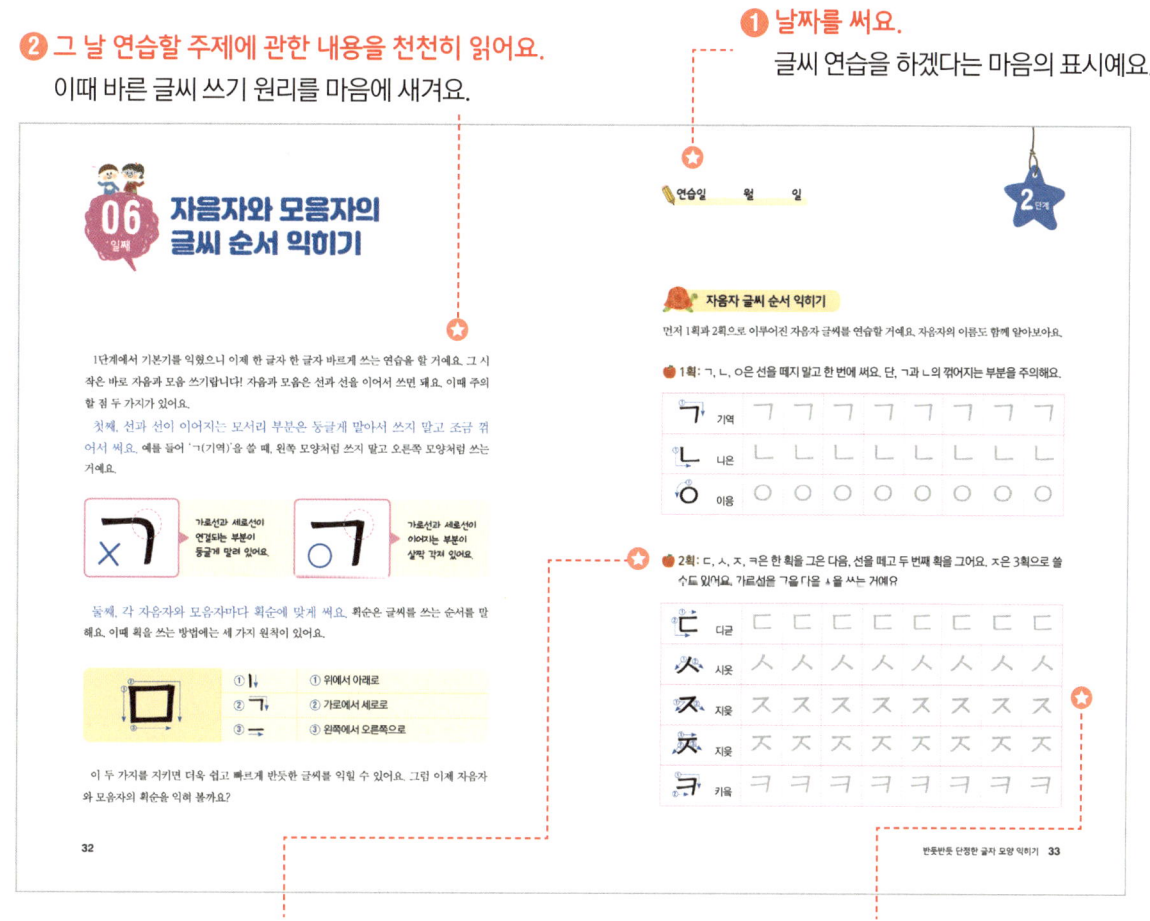

❸ 연습장에 주어진 획이나 글자를 천천히 따라 써요.
　쓰기 전에 작은 글씨의 설명 글을 먼저 읽어요.

❹ 따라 쓰기 연습이 끝나면 혼자서도 써 보아요.
　생각이 날 때마다 즐거운 마음으로 연습해요.

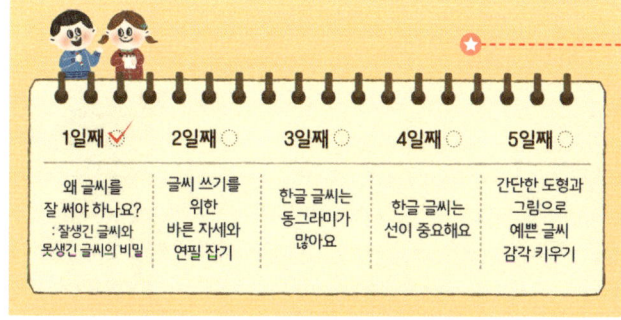

❺ 각 장 앞에는 진도표가 있어요.
　30일 동안 매일 체크하며 연습해 봐요!

목차

머리말 … 4
이 책의 활용법 … 5

 1단계 차근차근 글씨 쓰기의 기본기 다지기

- **1일째** 왜 글씨를 잘 써야 하나요?: 잘생긴 글씨와 못생긴 글씨의 비밀 … 10
- **2일째** 글씨 쓰기를 위한 바른 자세와 연필 잡기 … 14
- **3일째** 한글 글씨는 동그라미가 많아요 … 18
- **4일째** 한글 글씨는 선이 중요해요 … 22
- **5일째** 간단한 도형과 그림으로 예쁜 글씨 감각 키우기 … 26

 2단계 반듯반듯 단정한 글자 모양 익히기

- **6일째** 자음자와 모음자의 글씨 순서 익히기 … 32
- **7일째** 한글의 4가지 기본 모양 익히기 … 36
- **8일째** 위치에 따라 모양과 크기가 달라지는 자음자 연습 1 … 40
- **9일째** 위치에 따라 모양과 크기가 달라지는 자음자 연습 2 … 44
- **10일째** 자리를 많이 차지하는 모음자 연습 … 48
- **11일째** 겹받침이 들어간 글자 연습 … 52
- **12일째** 줄 맞추어 쓰기 … 56
- **13일째** 숫자와 알파벳 쓰기 … 60

 또박또박 반듯한 글씨로 낱말과 문장 쓰기

- 14일째 꺾어 쓰기(정자체) 낱말 연습 … 66
- 15일째 틀리기 쉬운 맞춤법 연습 … 70
- 16일째 헷갈리는 띄어쓰기 연습 … 74
- 17일째 어휘력을 키워 주는 관용 표현 쓰기 … 78
- 18일째 지혜가 담긴 속담 쓰기 … 82
- 19일째 뜻이 깊은 사자성어 쓰기 … 86
- 20일째 내 마음을 울리는 명언 쓰기 … 90

 사각사각 예쁜 글씨로 즐겁게 글쓰기

- 21일째 메모 쓰기와 알림장 쓰기 … 96
- 22일째 소중한 하루를 기억하는 일기 쓰기 … 100
- 23일째 나만의 감상을 담은 독서록 쓰기 … 106
- 24일째 한눈에 알아보는 노트 필기하기 … 114
- 25일째 정성이 담긴 원고지 쓰기 … 118

 반짝반짝 나만의 글씨체 뽐내기

- 26일째 여러 가지 글씨체 따라 쓰기 … 124
- 27일째 나만의 글씨체로 동시 따라 쓰기 … 128
- 28일째 나만의 글씨체로 동화 따라 쓰기 … 132
- 29일째 캘리그라피 맛보기 … 136
- 30일째 개성 듬뿍! 다이어리 꾸미기 … 140

1일째	2일째	3일째	4일째	5일째
왜 글씨를 잘 써야 하나요? : 잘생긴 글씨와 못생긴 글씨의 비밀	글씨 쓰기를 위한 바른 자세와 연필 잡기	한글 글씨는 동그라미가 많아요	한글 글씨는 선이 중요해요	간단한 도형과 그림으로 예쁜 글씨 감각 키우기

차근차근

글씨 쓰기의 기본기 다지기

01 일째 왜 글씨를 잘 써야 하나요?
: 잘생긴 글씨와 못생긴 글씨의 비밀

많은 아이들이 이렇게 물어요. '왜 글씨를 잘 써야 하나요?' 그러게요. 왜 글씨를 잘 써야 할까요? 글씨를 꼭 잘 써야 하는 이유라도 있는 걸까요?

사실 세상에 글씨를 잘 써야 하는 법은 없어요. 하지만 글씨를 못 쓰면 손해 보는 점이 많지요. 반면에 글씨를 잘 쓰면 좋은 점이 아주 많답니다. 그중에서 아주 중요한 두 가지 장점을 말해 줄게요.

글씨를 잘 쓰면 **첫째, 글 쓰는 즐거움, 공부하는 즐거움이 커져요.**

못생긴 글씨로 일기를 쓰거나 노트 필기를 하면, 그 활동을 잘하려는 마음이 점점 줄어들어서 대충하게 돼요. 글씨를 대충 쓰면 집중도 잘 안 되고, 흥미가 떨어져서 공부하는 게 즐겁지가 않죠. 반면에 글씨를 잘 쓰려고 하면 집중력이 높아지고, 그만큼 흥미도 커지기 때문에 공부가 점점 즐거워져요.

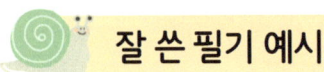

왜 글씨를 잘 써야 하나요?

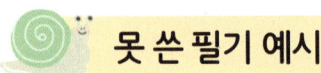

왜 글씨를 잘써야하나요?   왜 글씨를 잘써야하나요?

📝 **연습일   월   일**

글씨를 잘 쓰면 **둘째, 사람들에게 좋은 인상을 심어 줄 수 있어요.**

글씨가 어지럽고 대충대충 쓴 글을 보면 어떤가요? 아마 첫눈에 읽고 싶지 않을 거예요. 그리고 이런 생각이 들죠. '정말 글을 성의 없게 썼군!' 맞아요. 못생긴 글씨로 쓴 글은 읽고 싶은 마음이 별로 생기지 않고, 그 글을 쓴 사람에 대해서도 좋은 느낌을 갖기 어려워요. 아무리 글 내용이 좋아도 말이에요. 그럼 못생긴 글을 쓴 사람이 손해를 볼 수도 있겠죠?
그러니까 결론은 글씨를 잘 써야 한다는 거예요.

자, 그럼 내 글씨는 어떤지 한번 살펴볼까요? 평소 글씨로 다음 문장을 따라 써 보세요. 내 글씨를 점검하는 거니까 일부러 잘 쓰려고 하지 않아도 돼요. 억지로 애쓰지 말고 내 글씨 그대로 보여 주세요.

나는 글씨 쓰기 연습을 할 거예요.

어떤가요? 내 글씨는 잘생긴 글씨 같나요, 못생긴 글씨 같나요? 잘 쓴 글씨인지 못 쓴 글씨인지 한눈에 알아볼 수 있겠죠?

글씨를 잘 쓰기 위해서는 어떤 점 때문에 잘생긴 글씨처럼 보이고, 못생긴 글씨처럼 보이는지 알아야 해요. 그건 다음의 다섯 가지를 확인해 보면 된답니다.

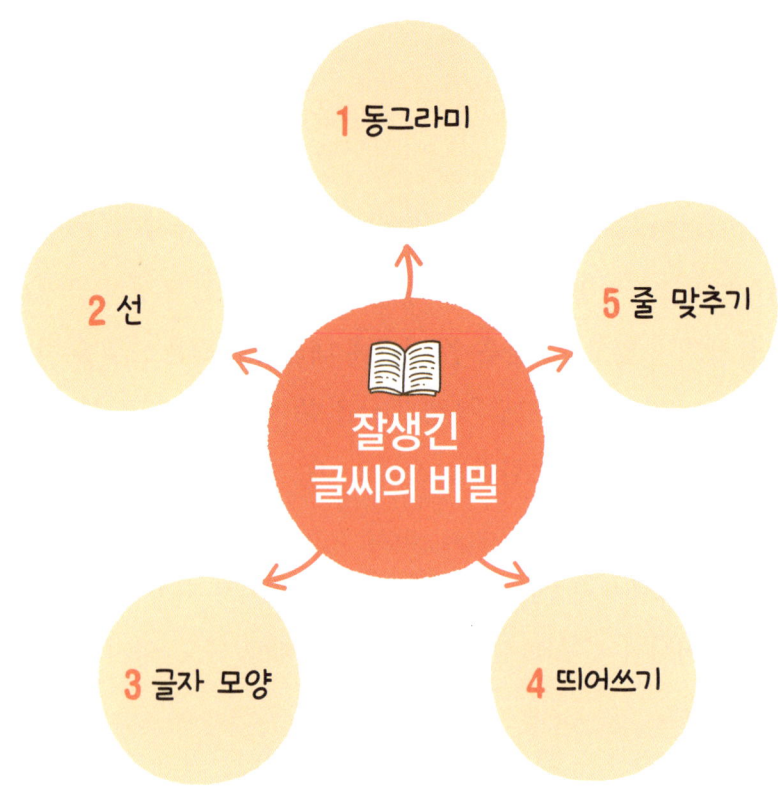

★ 아래의 잘 쓴 글씨와 못 쓴 글씨를 비교하며 확인해 보세요!

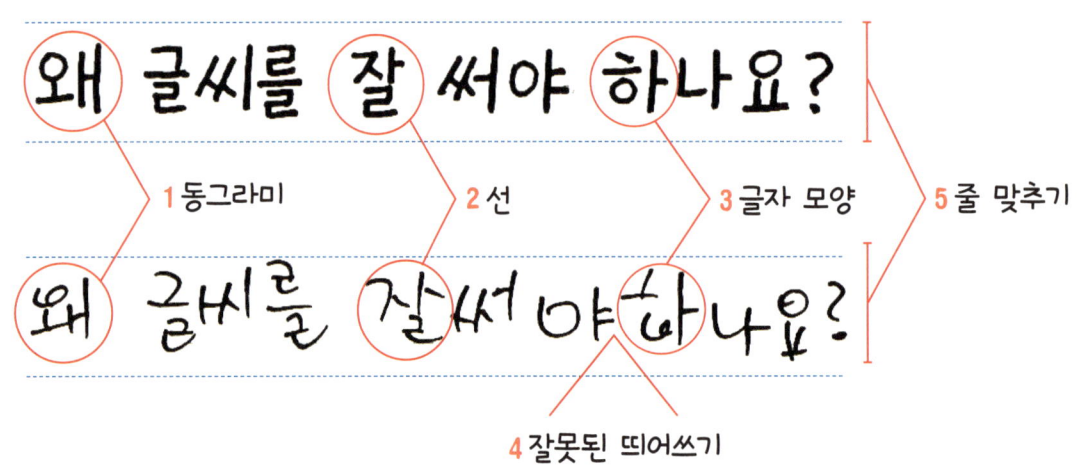

이 다섯 가지에 주의하여 앞의 문장을 다시 써 보세요. 이번에는 주의를 기울여 천천히 써 보세요.

나	는		글	씨		쓰	기
연	습	을		할		거	예	요	.

앞에서 썼던 글씨와 다른 점이 보이나요? 어떤 점을 주의해서 글씨를 써야 하는지 터득한다면 누구나 이렇게 보기 좋은 글씨를 쓸 수 있답니다.

이제 이 마음으로 글씨 연습을 시작할 거예요. 글씨 연습을 하는 이유는 일부러 애쓰지 않아도 아주 자연스럽게 예쁜 글씨를 쓰기 위해서예요. 한 마디로 글씨를 잘 쓰는 손을 갖기 위해서지요.

글씨 연습을 하다 보면 같은 글자를 되풀이해서 쓰니까 조금 싫증이 날 수도 있어요. 하지만 이 시간을 다 거치고 나면 앞으로 영원히 글씨 때문에 손해 보거나 걱정할 일은 없을 거예요. 이건 확실해요! 그리고 하루에 15분 정도만 연습하면 된답니다.

그럼 내일부터 본격적인 연습을 시작해 봐요!

02 일째 글씨 쓰기를 위한 바른 자세와 연필 잡기

달리기나 줄넘기를 할 때, 아니면 피아노를 칠 때 가장 먼저 배우는 것은 무엇일까요? 바로 그 활동에 적합한 자세를 잡는 법이랍니다. 도구가 있으면 그 도구를 올바르게 사용하는 법도 배워야 하지요. 그래야 그 활동을 제대로 잘할 수 있거든요.

글씨 쓰기도 마찬가지예요. 글씨를 쓴다는 건 자리에 앉아 연필을 잡고 손을 움직이는 것이기 때문에 올바른 자세와 연필 잡는 법을 먼저 익혀야 해요.

자, 그럼 자세 잡기부터 해 볼까요?

다음 그림 중 글씨 쓰기에 좋은 자세는 어떤 자세일까요? 그리고 나는 지금 제대로 된 자세로 글씨를 쓰고 있나요?

1. 턱을 괴고 다리를 꼰다.

2. 허리를 세우고 두 손을 책상 위에 가지런히 올린다.

3. 책상에 코를 박듯 등을 잔뜩 구부린다.

✏️ 연습일   월   일

글씨를 쓰는 올바른 자세는 2번 모습이에요!

1번 자세는 당장은 편할 것 같지만 빨리 피곤해지고 건강까지 나빠져요. 자꾸 턱을 괴면 이가 삐뚤빼뚤해지고, 다리를 꼬면 척추가 눌리거나 어긋나서 몸 이곳저곳이 아파요. 3번 자세는 어떨까요? 등을 잔뜩 구부리고 글씨를 쓰면 눈이 나빠지고 어깨와 허리가 아플 거예요.

반면에 2번 자세는 익히는 과정이 조금 성가시지만, 글을 좀 오래 써도 덜 피곤하고 몸의 건강도 지킬 수 있어요. 다음의 두 가지를 실천하면 글씨를 쓰는 바른 자세가 완성돼요.

1 엉덩이와 등을 의자 등받이에 붙인 후 허리를 꼿꼿이 세운다.
2 글씨를 쓸 때는 등만 살짝 떼어내고, 연필을 잡지 않는 손은 노트 위에 올려놓는다.

차근차근 글씨 쓰기의 기본기 다지기

이번에는 연필 잡는 법을 알아볼 거예요. 연필을 잡을 때는 움켜쥐거나 엄지손가락으로 감싸지 말고, 소금을 집듯이 잡아야 해요. 다음 그림처럼 말이에요.

옆에서 보면 이런 모양

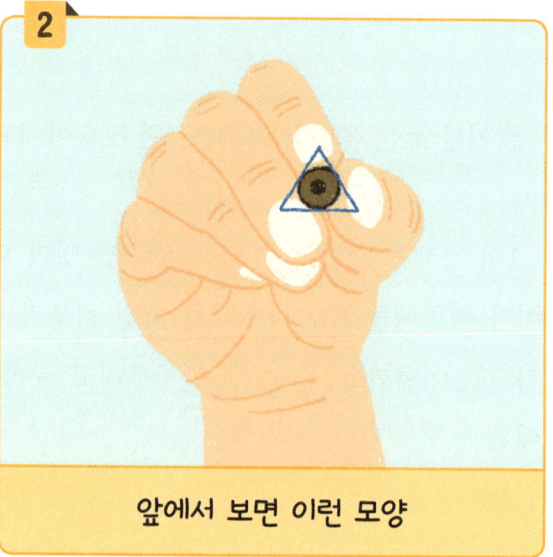

앞에서 보면 이런 모양

그럼 직접 연필을 잡고 위 그림과 같은 모양이 되었는지 확인해 보세요. 다음 두 가지를 실천하면 돼요.

> 1 엄지와 검지로 연필을 집어서 중지로 연필 아랫부분을 받친다.
> 2 연필을 잡은 손을 정면에서 봤을 때 엄지, 검지, 중지가 삼각형 모양을 이룬다.

또 한 가지 주의할 점은 연필을 너무 낮게 잡거나 높게 잡으면 안 된다는 거예요. 연필이 깎인 부분보다 조금 더 위쪽을 잡아야 해요.

그리고 글씨를 쓸 때는 손바닥 옆을 바닥에 대고 고정한 뒤, 연필을 쥔 손가락들만 움직이면 된답니다. 이때 팔이나 어깨에 너무 힘을 주지 말고 손에만 힘을 살짝 줘요.

그럼 앞에서 배운 바른 자세로 바르게 연필을 잡고, 다음 글을 천천히 따라 써 볼까요?

바	른		자	세	로

바	르	게		연	필		잡	기

　바른 자세로 바르게 연필을 잡고 글씨를 쓰려면 처음에는 불편하고 귀찮을 거예요. 그래서 글씨를 쓸 때마다 앞에서 배운 방법을 떠올리면서 바른 자세를 만들려고 노력해야 해요. 내일도 그다음 날도 말이에요!

03 일째 한글 글씨는 동그라미가 많아요

　한글은 참 귀여운 글자예요. 왜 그런지 알아요? 바로 동그라미(○)가 많이 쓰이기 때문이에요. 자음 이응(ㅇ)과 자음 히읗(ㅎ)에도 동그라미가 들어가 있고, 모음 앞 초성 자리에 동그라미가 올 때도 있지요.

강	자음 이응(ㅇ)의 동그라미
하늘	자음 히읗(ㅎ)의 동그라미
어린이 집으로	모음 글자 앞에 있는 동그라미 ★ 모음 앞에 오는 동그라미는 자음 이응(ㅇ)이 아니라 모음의 소리를 나타내기 위해 쓴 거예요.

　그래서 한글 글씨는 동그라미만 잘 써도 훨씬 정돈되어 보이고 예쁘게 보여요. 반면 못 쓴 글씨들을 보면 동그라미가 납작하거나 벌어져 있기도 하고, 너무 크거나 너무 작아요. 다음 글씨들처럼 말이에요.

✏️ **연습일   월   일**

강	납작한 동그라미는 답답해요.
하늘	뚫린 동그라미는 성의가 없어 보여요.
어린이	너무 큰 동그라미는 균형을 깨뜨려요.
겁으로	너무 작은 동그라미는 소심해 보여요.

★ 동그라미를 쓸 때는 다음 두 가지만 실천해요.

> 1 시작점과 끝점을 반드시 연결한다.
> 2 동그라미를 쓰는 동안 손에 힘을 일정하게 준다.

시작점을 콕 찍고 연필을 왼쪽으로 둥글게 그으며 다시 시작점까지 와서 끝마쳐요.

동그라미 그리기 연습

나선형으로 둥글게 긋는 연습부터 한 다음, 크기가 다른 동그라미를 그려 보아요.

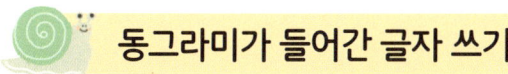 **동그라미가 들어간 글자 쓰기**

동그라미가 찌그러지지 않고 둥글게 연결되도록 써 보세요.

어린이	어린이	어린이	
집으로	집으로	집으로	
강	강	강	
하늘	하늘	하늘	

마지막 확인 연습! 다음 못생긴 동그라미를 예쁘게 고쳐 글자를 다시 써 보세요.

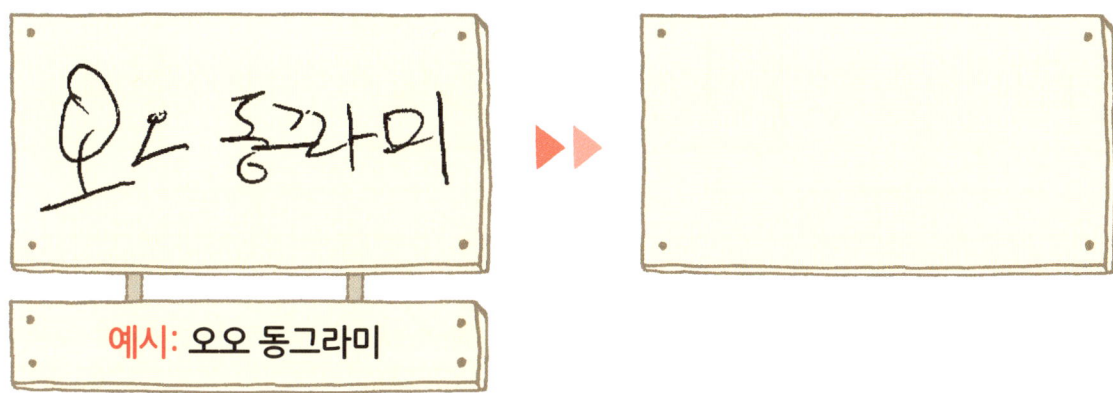

예시: 오오 동그라미

04일째 한글 글씨는 선이 중요해요

한글 글씨를 바르고 예쁘게 쓰려면 글자를 쪼개고 또 쪼개서 보고, 한 획 한 획 천천히 쓰는 연습을 해야 해요. 무슨 말이냐고요?

예를 들어 '미소'라는 단어를 쓴다고 해 봐요. 보통은 '미소'가 한 낱말이기 때문에 한꺼번에 통째로 글자를 쓰려고 해요. 그러면 마음이 급해져 흘려 쓰거나 삐뚤빼뚤 쓸 수 있어요. 그러니 '미소'를 한 낱말로 생각하지 말고 'ㅁ ㅣ ㅅ ㅗ'라고 자음과 모음으로 쪼갠 다음, 다시 선으로 쪼개 보는 거예요. 바로 아래처럼 말이에요.

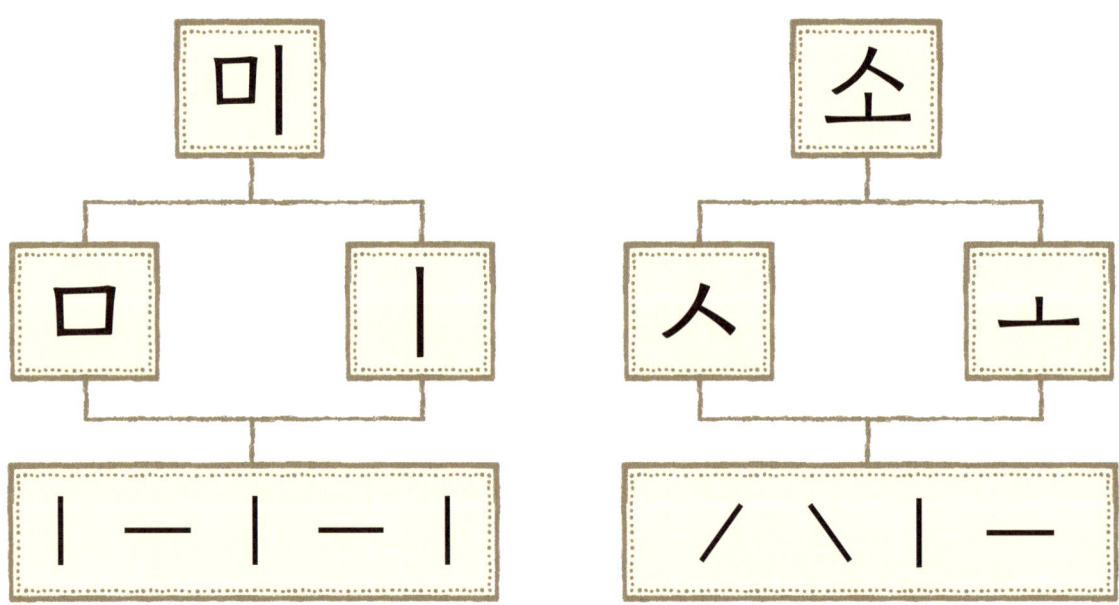

자, 어떻게 쪼개졌나요? 전부 선으로 쪼개졌을 거예요. 세로선(ㅣ), 가로선(ㅡ), 사선(/, \)만 남았죠? 이렇게 한글 글씨는 셋째 날 연습했던 동그라미와 오늘 연습하게 될 선으로만 이루어져 있답니다.

✏️ 연습일   월   일

그러니 기본적으로 선과 동그라미만 반듯하게 잘 쓰면 예쁜 글씨를 쓸 수 있어요. 미음(ㅁ)이나 시옷(ㅅ)을 통째로 쓰지 않고, 선을 하나하나 바르게 긋는다고 생각하며 쓰는 거예요.

다음 낱말을 선과 동그라미로 쪼개서 하나씩 써 보세요. 한 가지 주의할 점! 세로 직선과 사선은 반드시 위에서 아래로 긋고, 가로 직선은 왼쪽에서 오른쪽으로 그어야 해요.

비	세로선	세로선	가로선	가로선	세로선
	ǀ	ǀ	—	—	ǀ
강	가로선	사선	세로선	가로선	동그라미
	—	/	ǀ	—	○
산	사선	사선	세로선	가로선	세로선	가로선
	/	\		—	ǀ	—

선 긋기 연습

세로선, 가로선 긋기를 연습한 후 서로 다른 방향의 사선을 그어 보아요.

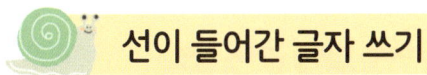 **선이 들어간 글자 쓰기**

다음 글자가 어떤 선들로 이루어져 있는지 확인하며 한 획 한 획 바르게 써 보세요.

우	ㅇ	으	우			
리	ㅡ	ㄱ	ㄷ	ㄹ	리	
강	ㅡ	ㄱ	기	가	강	
산	ノ	ㅅ	시	사	산	산

마지막 확인 연습! 다음 삐뚤어진 선을 바르게 고쳐 글자를 다시 써 보세요.

예시: 반듯한 선

차근차근 글씨 쓰기의 기본기 다지기 25

간단한 도형과 그림으로 예쁜 글씨 감각 키우기

이제 한글 글자는 선과 동그라미로 이루어져 있다는 걸 알았지요? 이 두 가지를 부드럽고 자연스럽게 그릴 수 있으면 글씨를 바르고 예쁘게 쓸 수 있어요.

그래서 이번에는 선과 동그라미를 한꺼번에 연습하기 위해서 간단한 도형과 그림을 그려 볼 거예요. 선과 동그라미는 그림을 그릴 때도 기본 중의 기본이랍니다. 그래서 그림 그리기 연습이 글씨 쓰기에 도움이 돼요.

다음 얼굴 표정들을 한번 볼까요? 동그라미와 선으로만 이루어져 있지요? 이 두 가지만으로도 여러 가지 표정을 만들 수 있어요. 즐거운 마음으로 따라 그려 보세요.

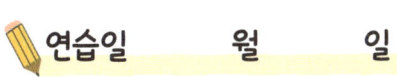 연습일   월   일

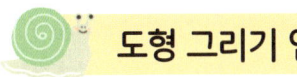 **도형 그리기 연습**

직선과 곡선으로 이루어진 다양한 도형을 그려 보아요.

차근차근 글씨 쓰기의 기본기 다지기

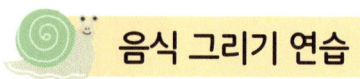 **음식 그리기 연습**

맛있는 음식을 그려 보아요. 한 번에 그리지 말고 동그라미와 선으로 나눠서 그려요.

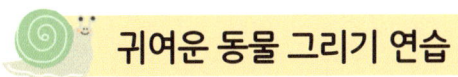 **귀여운 동물 그리기 연습**

귀여운 표정의 동물을 그려 보아요. 한 번에 그리지 말고 동그라미와 선으로 나눠서 그려요.

6일째 ○	7일째 ○	8일째 ○	9일째 ○
자음자와 모음자의 글씨 순서 익히기	한글의 4가지 기본 모양 익히기	위치에 따라 모양과 크기가 달라지는 자음자 연습 1	위치에 따라 모양과 크기가 달라지는 자음자 연습 2
10일째 ○	11일째 ○	12일째 ○	13일째 ○
자리를 많이 차지하는 모음자 연습	겹받침이 들어간 글자 연습	줄 맞추어 쓰기	숫자와 알파벳 쓰기

반듯반듯
단정한 글자 모양 익히기

06일째 자음자와 모음자의 글씨 순서 익히기

1단계에서 기본기를 익혔으니 이제 한 글자 한 글자 바르게 쓰는 연습을 할 거예요. 그 시작은 바로 자음과 모음 쓰기랍니다! 자음과 모음은 선과 선을 이어서 쓰면 돼요. 이때 주의할 점 두 가지가 있어요.

첫째, 선과 선이 이어지는 모서리 부분은 둥글게 말아서 쓰지 말고 조금 꺾어서 써요. 예를 들어 'ㄱ(기역)'을 쓸 때, 왼쪽 모양처럼 쓰지 말고 오른쪽 모양처럼 쓰는 거예요.

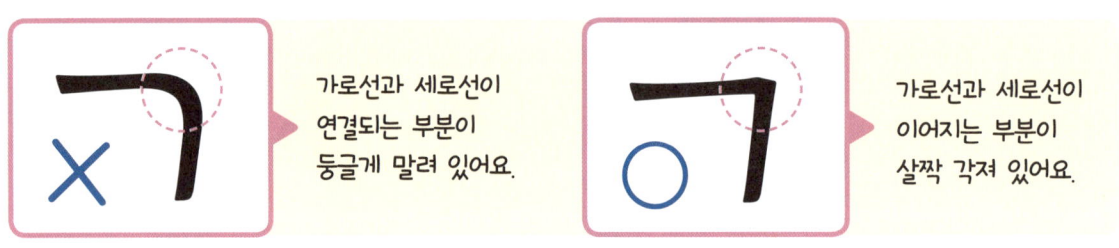

둘째, 각 자음자와 모음자마다 획순에 맞게 써요. 획순은 글씨를 쓰는 순서를 말해요. 이때 획을 쓰는 방법에는 세 가지 원칙이 있어요.

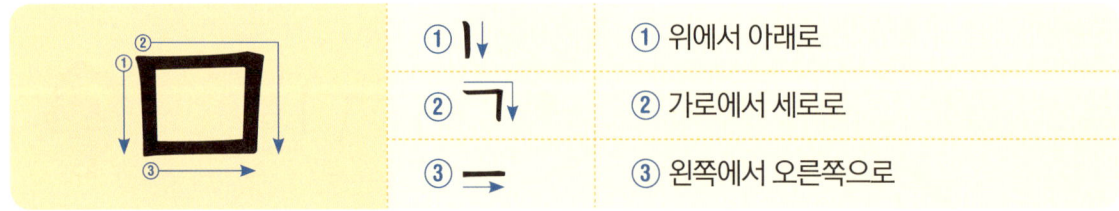

이 두 가지를 지키면 더욱 쉽고 빠르게 반듯한 글씨를 익힐 수 있어요. 그럼 이제 자음자와 모음자의 획순을 익혀 볼까요?

 연습일   월   일

 2단계

 자음자 글씨 순서 익히기

먼저 1획과 2획으로 이루어진 자음자 글씨를 연습할 거예요. 자음자의 이름도 함께 알아보아요.

🍎 **1획**: ㄱ, ㄴ, ㅇ은 선을 떼지 말고 한 번에 써요. 단, ㄱ과 ㄴ의 꺾어지는 부분을 주의해요.

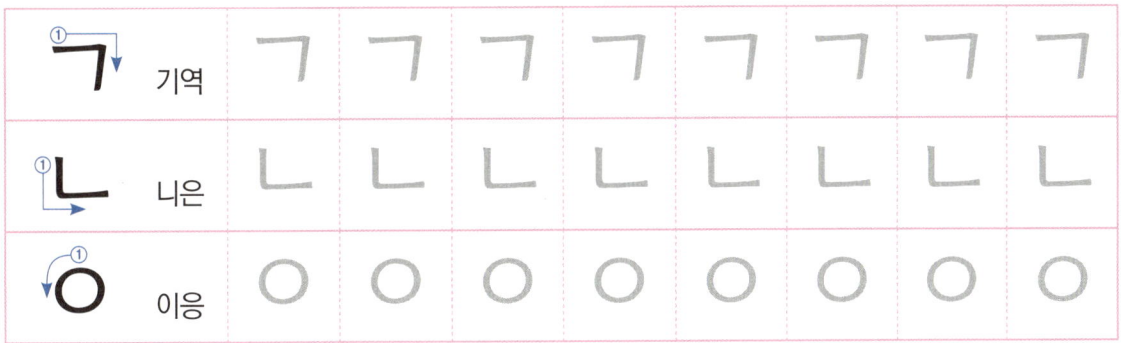

🍎 **2획**: ㄷ, ㅅ, ㅈ, ㅋ은 한 획을 그은 다음, 선을 떼고 두 번째 획을 그어요. ㅈ은 3획으로 쓸 수도 있어요. 가로선을 그은 다음 ㅅ을 쓰는 거예요.

이번엔 3획과 4획으로 이루어진 자음자 글씨를 연습해 보아요.

🍎 **3획:** ㄹ, ㅁ, ㅊ, ㅌ, ㅎ은 3획으로 써요. ㄹ과 ㅌ은 간격에 주의하세요! ㅊ과 ㅎ의 첫 획은 점을 찍듯 짧은 사선으로 그어요. ㅊ은 4획으로 쓸 수도 있어요.

ㄹ 리을	ㄹ	ㄹ	ㄹ	ㄹ	ㄹ	ㄹ	ㄹ	ㄹ
ㅁ 미음	ㅁ	ㅁ	ㅁ	ㅁ	ㅁ	ㅁ	ㅁ	ㅁ
ㅊ 치읓	ㅊ	ㅊ	ㅊ	ㅊ	ㅊ	ㅊ	ㅊ	ㅊ
ㅊ 치읓	ㅊ	ㅊ	ㅊ	ㅊ	ㅊ	ㅊ	ㅊ	ㅊ
ㅌ 티읕	ㅌ	ㅌ	ㅌ	ㅌ	ㅌ	ㅌ	ㅌ	ㅌ
ㅎ 히읗	ㅎ	ㅎ	ㅎ	ㅎ	ㅎ	ㅎ	ㅎ	ㅎ

🍎 **4획:** ㅂ, ㅍ은 선을 모두 떼었다 써요.

ㅂ 비읍	ㅂ	ㅂ	ㅂ	ㅂ	ㅂ	ㅂ	ㅂ	ㅂ
ㅍ 피읖	ㅍ	ㅍ	ㅍ	ㅍ	ㅍ	ㅍ	ㅍ	ㅍ

 **모음자 글씨 순서 익히기**

모음자 글씨는 세로형과 가로형으로 나누어 연습할 거예요.

🍎 **세로형**: ㅏ, ㅑ, ㅓ, ㅕ, ㅣ 는 세로선을 길게, 가로선을 짧게 써요.

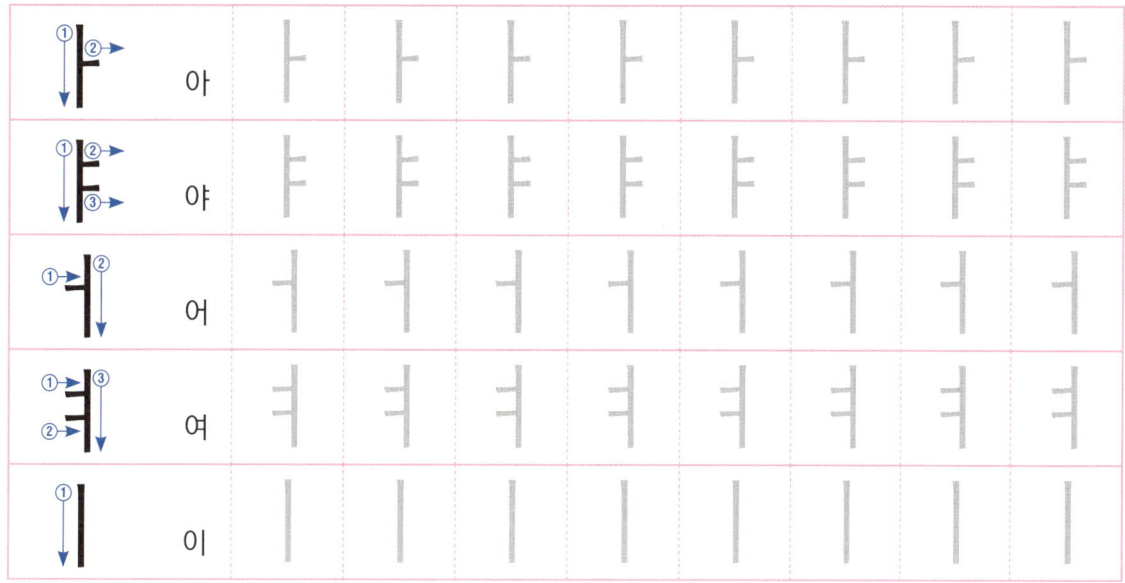

🍎 **가로형**: ㅗ, ㅛ, ㅜ, ㅠ, ㅡ 는 가로선을 길게, 세로선을 짧게 써요.

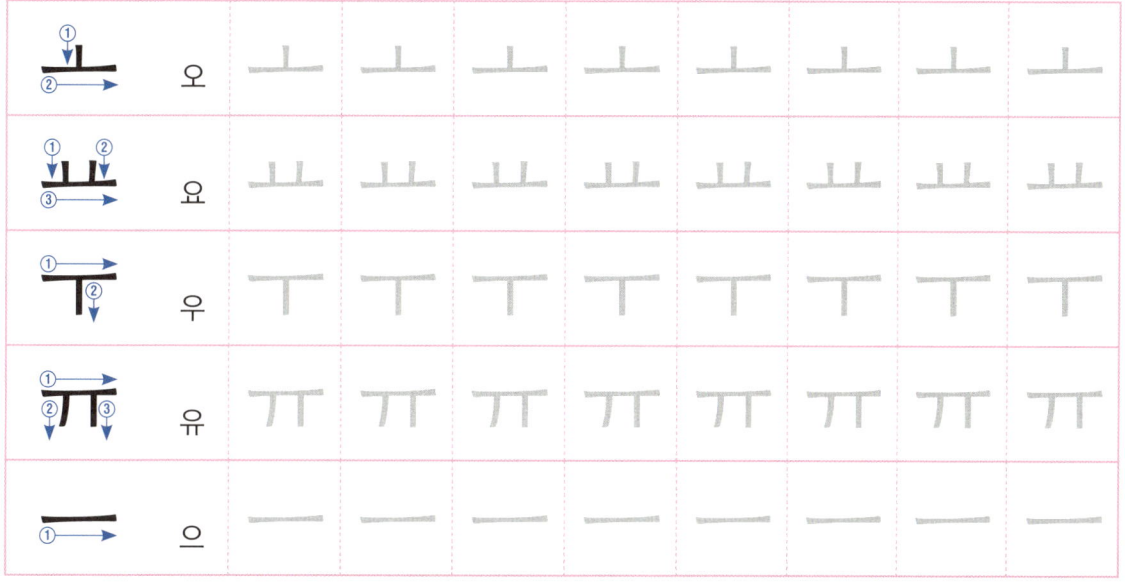

07 일째 한글의 4가지 기본 모양 익히기

사람들의 얼굴을 가만히 관찰해 보세요. 저마다 생김새가 다 다르지요? 하지만 전체적인 얼굴 모양을 보면 둥근형, 달걀형, 삼각형, 사각형 등 몇 가지로 나눌 수 있어요.

글자도 마찬가지예요. 얼굴처럼 몇 가지 모양이 있어요. 글자의 모양을 글꼴이라고 하는데, 한글 글꼴은 크게 삼각형(△) 모양과 사각형(□) 모양으로 나눌 수 있답니다. 그리고 글자의 모음이 세로형인지 가로형인지, 받침이 있는지 없는지에 따라 또 나뉘어요. 이렇게 해서 한글의 기본 글꼴은 ◁형, △형, □형, ◇형으로 총 네 가지 모양이에요.

〈한글의 4가지 기본 모양 : ◁형, △형, □형, ◇형〉

모음 \ 받침	받침이 없는 글자		받침이 있는 글자
세로형 모음 (ㅏ,ㅑ,ㅓ,ㅕ,ㅣ)	◁ 가, 야, 너, 벼, 미		□ 강, 얍, 널, 벽, 민
가로형 모음 (ㅗ,ㅛ,ㅡ / ㅜ,ㅠ)	△ 소, 요, 흐	◇ 두, 규	◇ 속, 용, 흠, 둘, 균

위에서 보는 것처럼 받침이 없는 세로형 모음의 글자는 ◁형, 받침이 없는 가로형 모음의 글자는 △형과 ◇형, 받침이 있는 세로형 모음의 글자는 □형, 받침이 있는 가로형 모음의 글자는 ◇형이에요. 그럼 이 네 가지 글꼴을 떠올리며 직접 연습해 볼까요?

 연습일   월   일

받침이 없는 글꼴 익히기

받침이 없는 글자는 대체로 삼각형 모양을 하고 있어요. 세로형 모음이 들어간 글자는 ◁형, 가로형 모음이 들어간 글자는 △형과 ◇형이 있어요. 차례로 연습해 보아요.

🍎 ◁형: 세로형 모음 ㅏ, ㅑ, ㅓ, ㅕ, ㅣ 앞에 자음이 있고 받침이 없는 글꼴이에요.

가	나	다	라	먀	뱌	샤	야	저
처	커	터	펴	혀	치	마	피	리
아	기	사	자	여	러	가	지	비

🍎 △형: 가로형 모음 ㅗ, ㅛ, ㅡ 위에 자음이 있고 받침이 없는 글꼴이에요.

| 고 | 노 | 도 | 로 | 묘 | 뵤 | 쇼 | 요 | 크 |
| 호 | 소 | 효 | 도 | 초 | 코 | 보 | 드 | 트 |

🍎 ◇형: 가로형 모음 ㅜ, ㅠ 위에 자음이 있고 받침이 없는 글꼴이에요.

| 주 | 추 | 쿠 | 튜 | 퓨 | 휴 | 구 | 두 | 부 |

 ## 받침이 있는 글꼴 익히기

받침이 있는 글자는 모두 사각형 모양이에요. 세로형 모음이 들어간 글자는 네모 모양인 □형, 가로형 모음이 들어간 글자는 다이아몬드 모양인 ◇형이에요. 차례로 연습해 보아요.

🍎 **□형**: 세로형 모음 ㅏ, ㅑ, ㅓ, ㅕ, ㅣ 아래에 받침이 있는 글꼴이에요. 받침은 모음 앞에 나오는 첫 번째 자음보다 조금 작게 써요.

강	낮	닭	랑	먐	뱐	샥	얍	젇
쳤	컵	텃	편	형	안	녕	빛	길
인	심	경	험	적	잘	삶	진	실
밭	상	장	영	실	담	덧	핍	힘

🍎 **◇형**: 가로형 모음 ㅗ, ㅛ, ㅜ, ㅠ, ㅡ 아래에 받침이 있는 글꼴이에요. 받침은 모음 위에 나오는 첫 번째 자음과 거의 같은 크기로 써요.

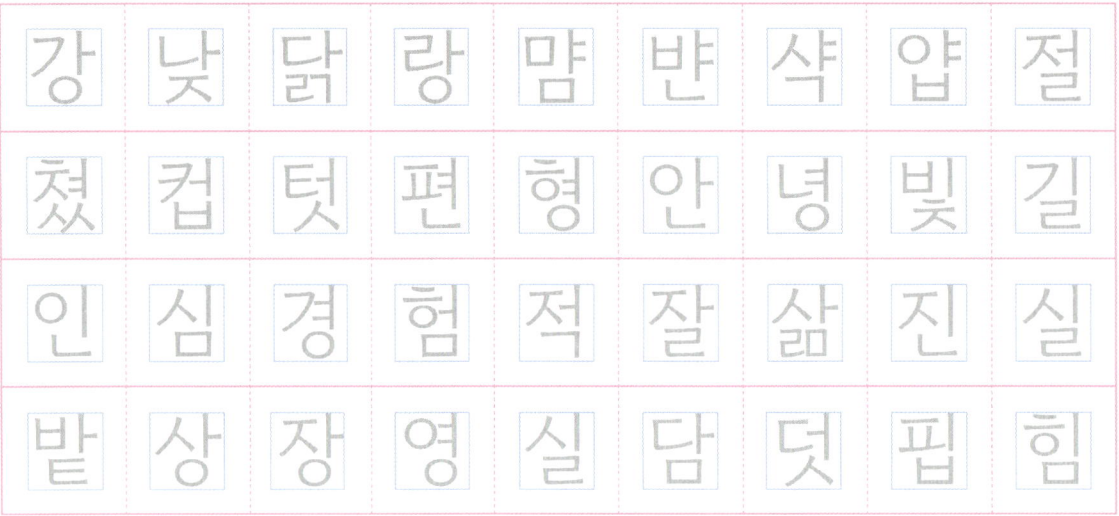

 **글꼴을 생각하며 낱말 쓰기**

한 낱말을 이루는 글자들의 모양은 각각 다를 수 있어요. 그래서 각 글자에 맞는 글꼴(◁, △, ▢, ◇)에 따라 글자를 써야 해요. 다음 주어진 낱말들의 글자가 각각 어떤 모양인지 그려 보고, 여러 가지 글꼴에 맞는 낱말을 찾는 연습도 해 보아요.

🍎 **알맞은 글꼴 그리기**: 주어진 낱말을 이루는 각 글자 위에 알맞은 글꼴(◁, △, ▢, ◇)을 그려 보아요.

① 아 삭   ② 소 나 무
③ 주 인   ④ 자 신 감

🍎 **글꼴에 맞는 글자 쓰기**: 주어진 글꼴에 맞는 낱말을 [보기]에서 찾아 써 보아요.

| 보기 | 그림 | 엉금 | 꼬르륵 | 콩가루 |

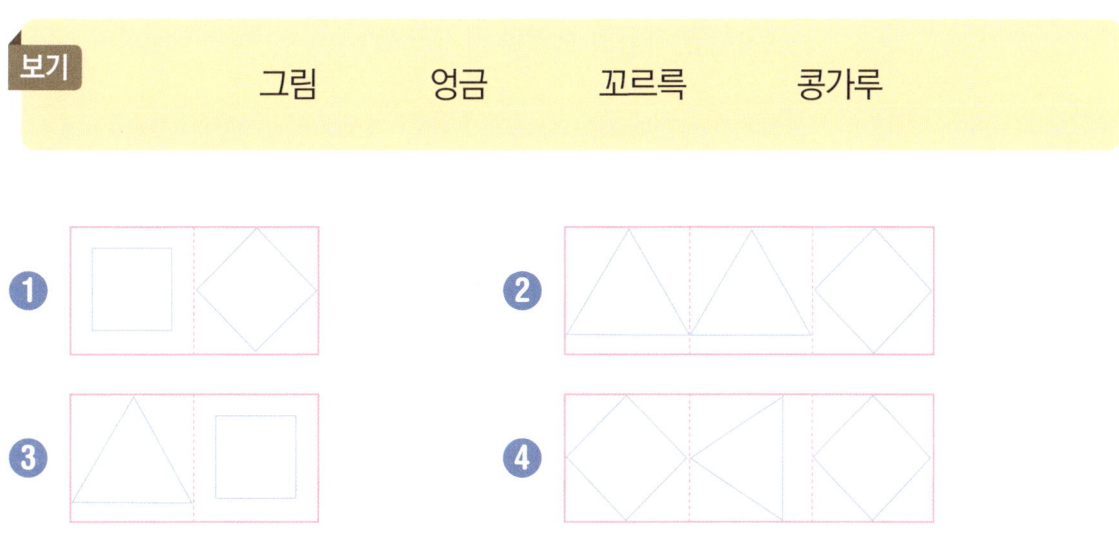

정답 알맞은 글꼴 그리기: ① ▢◇ ② ▽△▢ ③ △▢ ④ ▢⊠⊠ 글꼴에 맞는 글자 쓰기: ① 엉금 ② 꼬르륵 ③ 그림 ④ 콩가루

반듯반듯 단정한 글자 모양 익히기 39

08일째 위치에 따라 모양과 크기가 달라지는 자음자 연습 1

앞에서 네 가지 글꼴을 익혔지요? 글꼴의 모양은 보통 모음이 세로형인지 가로형인지에 따라 정해져요. 하지만 막상 글자를 쓸 때는 자음을 쓰는 게 어려워요. 자음은 글자의 어느 위치에 자리하느냐에 따라 그 모양과 크기가 달라지기 때문이에요.

자음의 모양은 길게 쓰는 경우와 납작하게 쓰는 경우로 나뉘어요. 자음을 세로형 모음 앞에 쓸 때는 길게 쓰고, 가로형 모음 위에 쓸 때는 납작하게 써요. 가로형 모음 중에서 ㅜ, ㅠ 위에 쓸 때는 좀 더 납작하게 써요.

자음의 크기는 크게 쓰는 경우와 작게 쓰는 경우로 나뉘어요. 받침이 없는 글자의 자음은 크게 쓰고, 받침이 있는 글자이거나 받침인 경우에는 작게 써요.

〈위치별 자음의 모양과 크기 변화〉

모양 \ 크기	크게 - 받침이 없는 글자	작게 - 받침이 있는 글자 / 받침
길게 자음 + 세로형 모음 (ㅏ, ㅑ, ㅓ, ㅕ, ㅣ)	가	강
납작하게 자음 + 가로형 모음 (ㅗ, ㅛ, ㅡ / ㅜ, ㅠ)	고, 구	공, 읔

그럼 이제 위치에 따라 자음자의 크기와 모양을 알맞게 쓰는 연습을 해 볼까요?

 연습일   월   일

 위치에 따라 ㄱ, ㄲ, ㅋ 바르게 쓰기

글자 속에서 ㄱ, ㄲ, ㅋ이 어느 자리에 있는지 확인하고, 그에 맞는 크기와 모양으로 글자를 써 보아요.

🍎 글자 속 ㄱ 쓰기

세로형 모음 앞의 ㄱ은 **길게**, 가로형 모음 위의 ㄱ은 **납작하게**	가 거 기 고 구
받침 있는 글자의 ㄱ은 **작게**, 받침 ㄱ은 **세로선을 곧게**	강 곰 국 학 속

🍎 글자 속 ㄲ 쓰기: ㄲ(쌍기역)은 ㄱ(기역) 2개를 비슷한 크기로 거의 붙여 써요.

세로형 모음 앞의 ㄲ은 **길게**, 가로형 모음 위의 ㄲ은 **납작하게**	까 꺼 끼 꼬 꾸
받침 있는 글자의 ㄲ은 **작게**, 받침 ㄲ은 **세로선을 곧게**	깎 꽃 꿈 밖 속

🍎 글자 속 ㅋ 쓰기: ㅋ은 ㄱ을 쓰고 가운데 선을 그어요.

세로형 모음 앞의 ㅋ은 **길게**, 가운데 선은 중간보다 조금 위에	카 캬 커 켜 키
가로형 모음 위의 ㅋ은 **세로선을 곧게**, 가운데 선은 중간쯤에	코 쿄 크 쿠 큐
받침 있는 글자의 ㅋ은 **작게**, 받침 ㅋ은 **세로선을 곧게**	캉 콜 쿰 녘 읔

 **위치에 따라 ㄴ, ㄹ, ㅇ 바르게 쓰기**

글자 속에서 ㄴ, ㄹ, ㅇ이 어느 자리에 있는지 확인하고, 그에 맞는 크기와 모양으로 글자를 써 보아요.

🍎 **글자 속 ㄴ 쓰기**

세로형 모음 앞의 ㄴ은 **길게**	나	냐	너	녀	니
가로형 모음 위의 ㄴ은 **납작하게**	노	뇨	느	누	뉴
받침 있는 글자의 ㄴ은 **작게**, 받침 ㄴ은 **납작하게**	날	녹	눈	한	은

🍎 **글자 속 ㄹ 쓰기**: ㄹ은 글자 안에서 자리를 많이 차지하기 때문에 받침으로 쓰일 때도 그리 작지 않게 써요.

세로형 모음 앞의 ㄹ은 **길게**	라	랴	러	려	리
가로형 모음 위의 ㄹ은 **납작하게**	로	료	르	루	류
받침 있는 글자의 ㄹ과 받침 ㄹ은 **작지 않게**	란	론	발	글	를

🍎 **글자 속 ㅇ 쓰기**: ㅇ은 어떤 자리에 와도 바른 동그라미 모양으로 써요.

세로형 모음 앞의 ㅇ은 **크게**	아	야	어	여	이
ㅗ, ㅛ, ㅡ 위 ㅇ은 **크게**, ㅜ, ㅠ 위 ㅇ은 **조금 작게**	오	요	으	우	유
받침 있는 글자의 ㅇ과 받침 ㅇ은 **작게**	악	을	웅	멍	능

 ## 위치에 따라 ㄷ, ㄸ, ㅌ 바르게 쓰기

글자 속에서 ㄷ, ㄸ, ㅌ이 어느 자리에 있는지 확인하고, 그에 맞는 크기와 모양으로 글자를 써 보아요.

🍎 글자 속 ㄷ 쓰기

세로형 모음 앞의 ㄷ은 **길게**	다	댜	더	뎌	디
가로형 모음 위의 ㄷ은 **납작하게**	도	됴	드	두	듀
받침 있는 글자의 ㄷ은 **작게**, 받침 ㄷ은 **납작하게**	당	돈	둑	얻	곧

🍎 글자 속 ㄸ 쓰기: ㄸ(쌍디귿)은 ㄷ(디귿) 2개를 비슷한 크기로 거의 붙여 써요.

세로형 모음 앞의 ㄸ은 **길게**	따	땨	떠	뗘	띠
가로형 모음 위의 ㄸ은 **납작하게**	또	뚀	뜨	뚜	뜌
받침 있는 글자의 ㄸ은 **작게**	땀	띵	똘	뜻	뚝

🍎 글자 속 ㅌ 쓰기: ㅌ을 쓸 때 가로선 사이의 간격을 일정하게 해요.

세로형 모음 앞의 ㅌ은 **길게**	타	탸	터	텨	티
가로형 모음 위의 ㅌ은 **납작하게**	토	툐	트	투	튜
받침 있는 글자의 ㅌ은 **작게**, 받침 ㅌ은 **높이와 너비를 비슷하게**	탕	톳	툴	같	솥

09 일째 위치에 따라 모양과 크기가 달라지는 자음자 연습 2

자음은 글자 안에서 위치가 어디냐에 따라 그 모양과 크기가 달라진다는 사실을 알았지요? 받침이 있는지 없는지, 어떤 모음과 결합하는지에 따라 자음을 크게 네 가지 형태(길게, 납작하게, 크게, 작게)로 구분해서 연습해 보았어요.

이번엔 자음의 모양과 크기가 위치별로 어떻게 다른지 한눈에 비교해서 보여 줄게요. 아래 그림을 보면 차이점을 더욱 확실히 알 수 있을 거예요.

〈받침이 없는 글자〉

- ㅏ, ㅑ, ㅓ, ㅕ, ㅣ 앞의 자음은 길고 커요.

- ㅗ, ㅛ, ㅡ 위의 자음이 ㅜ, ㅠ 위의 자음보다 커요.
- ㅜ, ㅠ 위의 자음은 더 납작해요.

〈받침이 있는 글자〉

- ㅏ, ㅑ, ㅓ, ㅕ, ㅣ 앞의 자음은 너비와 높이가 거의 같은 정사각형 모양이에요.
- ㅗ, ㅛ, ㅡ, ㅜ, ㅠ 위의 자음은 작고 납작해요.

- 받침 ㅁ, ㅂ, ㅇ은 너비와 높이가 거의 같은 정사각형 모양이에요.
- 나머지 자음 받침은 납작해요.

📝 연습일   월   일

위치에 따라 ㅁ, ㅂ, ㅃ 바르게 쓰기

　글자 속에서 ㅁ, ㅂ, ㅃ이 어느 자리에 있는지 확인하고, 그에 맞는 크기와 모양으로 글자를 써 보아요.

🍎 **글자 속 ㅁ 쓰기**

세로형 모음 앞의 ㅁ은 **길게**, 가로형 모음 위의 ㅁ은 **납작하게**	마	머	미	모	무
세로형 모음 받침 글자의 ㅁ은 **정사각형**, 가로형 모음 받침 글자의 ㅁ은 **납작하게**	망	멈	밀	몸	문

🍎 **글자 속 ㅂ 쓰기**: ㅂ을 쓸 때 가운데 가로선은 세로선을 이등분한 지점에 그어요.

세로형 모음 앞의 ㅂ은 **길게**, 가로형 모음 위의 ㅂ은 **정사각형**	바	버	비	보	부
받침 있는 글자의 ㅂ은 **작게**, 받침 ㅂ은 **납작하게**	방	법	빈	봅	불

🍎 **글자 속 ㅃ 쓰기**: ㅃ(쌍비읍)은 ㅂ(비읍) 2개를 같은 크기로 쓰되, 아주 조금 띄어 써요.

세로형 모음 앞의 ㅃ은 **길게**, 가로형 모음 위의 ㅃ은 **납작하게**	빠	뻐	삐	뽀	뿌
받침 있는 글자의 ㅃ은 **작게**	빵	뻔	삑	뽐	뿔

반듯반듯 단정한 글자 모양 익히기　45

 **위치에 따라 ㅅ, ㅆ, ㅎ 바르게 쓰기**

글자 속에서 ㅅ, ㅆ, ㅎ이 어느 자리에 있는지 확인하고, 그에 맞는 크기와 모양으로 글자를 써 보아요.

🍎 **글자 속 ㅅ 쓰기:** 세로형 모음 앞에 ㅅ을 쓸 때보다 가로형 모음 위에 ㅅ을 쓸 때 사선을 좀 더 눕혀 써요.

세로형 모음 앞의 ㅅ은 **길게**	사	샤	서	셔	시
가로형 모음 위의 ㅅ은 **납작하게**	소	쇼	스	수	슈
받침 있는 글자의 ㅅ은 **작게**, 받침 ㅅ은 **납작하게**	상	슬	솟	엇	곳

🍎 **글자 속 ㅆ 쓰기:** ㅆ(쌍시옷)은 ㅅ(시옷) 2개를 비슷한 크기로 거의 붙여 써요.

세로형 모음 앞의 ㅆ은 **길게**	싸	쌰	써	쎠	씨
가로형 모음 위의 ㅆ은 **납작하게**	쏘	쑈	쓰	쑤	쓔
받침 있는 글자의 ㅆ은 **작게**, 받침 ㅆ은 **납작하게**	쌍	씻	쏠	았	봤

🍎 **글자 속 ㅎ 쓰기:** ㅎ을 길게 써야 할 때는 획 사이의 간격을 조금 벌려 써요.

세로형 모음 앞의 ㅎ은 **길게**	하	햐	허	혀	히
가로형 모음 위의 ㅎ은 **납작하게**	호	효	흐	후	휴
받침 있는 글자의 ㅎ은 **작게**, 받침 ㅎ은 **좀 더 작게**	항	혼	훌	넣	좋

 **위치에 따라 ㅈ, ㅉ, ㅊ 바르게 쓰기**

글자 속에서 ㅈ, ㅉ, ㅊ이 어느 자리에 있는지 확인하고, 그에 맞는 크기와 모양으로 글자를 써 보아요.

🍎 **글자 속 ㅈ 쓰기:** 세로형 모음 앞에 ㅈ을 쓸 때보다 가로형 모음 위에 ㅈ을 쓸 때 사선을 좀 더 눕혀 써요.

세로형 모음 앞의 ㅈ은 **길게**	자	쟈	저	져	지
가로형 모음 위의 ㅈ은 **납작하게**	조	죠	즈	주	쥬
받침 있는 글자의 ㅈ은 **작게**, 받침 ㅈ은 **납작하게**	장	좀	줏	잊	곶

🍎 **글자 속 ㅉ 쓰기:** ㅉ(쌍지읒)은 ㅈ(지읒) 2개를 비슷한 크기로 거의 붙여 써요.

세로형 모음 앞의 ㅉ은 **길게**	짜	쨔	쩌	쪄	찌
가로형 모음 위의 ㅉ은 **납작하게**	쪼	쬬	쯔	쭈	쮸
받침 있는 글자의 ㅉ은 **작게**	짱	쩍	쫄	쯧	쭙

🍎 **글자 속 ㅊ 쓰기:** ㅈ과 마찬가지로 가로형 모음 위에 ㅊ을 쓸 때 사선을 좀 더 눕혀 써요.

세로형 모음 앞의 ㅊ은 **길게**	차	챠	처	쳐	치
가로형 모음 위의 ㅊ은 **납작하게**	초	쵸	츠	추	츄
받침 있는 글자의 ㅊ은 **작게**, 받침 ㅊ은 **납작하게**	창	촘	춥	꽃	숯

10일째 자리를 많이 차지하는 모음자 연습

6일째에 익혔던 모음자를 쓰는 순서와 방법, 기억하나요? 그때는 단순한 형태의 모음자를 연습했지요. 이번엔 획이 좀 더 들어가거나 자리를 많이 차지하는 모음자를 연습할 거예요. 이 모음자들이 자음과 결합해 글자를 만들 때 각 낱자의 크기와 위치를 정하는 게 쉽지 않거든요.

사실 모음은 발음할 때 입 모양이 변하는지, 변하지 않는지를 기준으로 두 가지로 나뉘어요. 입 모양이 변하지 않는 모음을 단모음, 변하는 모음을 이중 모음이라고 하지요.

단모음 (10개)	ㅏ, ㅓ, ㅗ, ㅜ, ㅡ, ㅣ, ㅐ, ㅔ, ㅚ, ㅟ
이중 모음 (11개)	ㅑ, ㅒ, ㅕ, ㅖ, ㅘ, ㅙ, ㅛ, ㅝ, ㅞ, ㅠ, ㅢ

위의 단모음과 이중 모음 중에서 우리가 아직 연습하지 않은 모음자는 ㅐ, ㅔ, ㅚ, ㅟ, ㅒ, ㅖ, ㅘ, ㅙ, ㅝ, ㅞ, ㅢ 예요. 지난번에 연습했던 모음보다 글자 안에서 자리를 더 많이 차지하기 때문에 자음을 좀 더 작게 써야 해요. 다음 글자들을 비교해 보세요.

모음 앞에 나온 동그라미가 점점 작아지고 있지요?

ㅏ와 ㅑ 앞의 동그라미가 제일 크고 ㅐ, ㅙ, ㅞ 로 갈수록 작아지고 있어요. 그럼 이제 동그라미 자리에 여러 가지 자음을 넣어서 연습해 보아요.

 연습일   월   일

 자리를 많이 차지하는 모음자 글씨 순서 익히기

자리를 많이 차지하는 모음자 글씨는 세로형과 결합형(가로형+세로형)으로 나누어 연습할 거예요. 모음자의 이름도 함께 알아보아요.

🍎 **세로형 모음자:** ㅐ, ㅔ, ㅒ, ㅖ가 들어간 글자의 자음은 크고 길게 써요.

ㅐ	애	ㅐ	개	대	래	배	새	채	해
ㅔ	에	ㅔ	게	데	레	베	세	체	헤
ㅒ	얘	ㅒ	걔	댸	럐	뱨	섀	챼	햬
ㅖ	예	ㅖ	계	뎨	례	볘	셰	쳬	혜

🍎 **결합형(ㅡ/ㅗ 가로형 + 세로형) 모음자:** ㅢ, ㅚ, ㅘ, ㅙ가 들어간 글자의 자음은 작게 써요.

ㅢ	의	ㅢ	긔	듸	릐	븨	싀	츼	희
ㅚ	외	ㅚ	고	되	뢰	뵈	쇠	최	회
ㅘ	와	ㅘ	과	돠	롸	봐	솨	좌	화
ㅙ	왜	ㅙ	괘	돼	뢔	봬	쇄	쵀	홰

🍎 결합형(ㅜ 가로형 + 세로형) 모음자: ㅟ, ㅝ, ㅞ가 들어간 글자의 자음은 좀 더 작게 써요. 특히 ㅞ가 들어간 글자의 자음은 좀 더 작게 써요.

ㅟ	위	ㅟ	귀	뒤	뤼	뷔	쉬	취	휘
ㅝ	워	ㅝ	궈	둬	뤄	붜	숴	춰	훠
ㅞ	웨	ㅞ	궤	뒈	뤠	붸	쉐	췌	훼

 자리를 많이 차지하는 모음자에 받침이 있는 글자 연습

이번엔 모음자 ㅐ, ㅔ, ㅒ, ㅖ, ㅢ, ㅚ, ㅘ, ㅙ, ㅟ, ㅝ, ㅞ 아래에 받침이 들어간 글자들을 연습해 보아요. 자음자와 모음자 모두 작게 쓰고, 받침은 조금 납작하게 써요.

🍎 세로형 모음자가 들어간 받침 글자

객	낼	댓	랩	뱀	생	잼	행
겠	넷	델	렘	멘	벨	셀	텐
걀	샘	앤	쟬	곗	롄	옛	젹

| 댓 | 글 | 생 | 각 | 넷 | 째 | 옛 | 날 |

🍎 **결합형 모음자가 들어간 받침 글자**

띤	띨	씬	씰	틴	틸	힌	힐
굉	뇜	될	뵙	쇳	쐰	왼	죌
광	놨	봤	완	활	괜	됐	왠
귓	뒷	쉰	쥔	튄	튈	휜	휠
귄	궐	뒀	윈	뭔	뭘	쉑	웬

흰	색	될	까	뵙	다	왼	편
광	고	봤	다	완	수	됐	다
왠	지	귓	속	뒷	편	쉰	내
윈	윈	궁	궐	원	수	웬	일

11일째 겹받침이 들어간 글자 연습

이번엔 겹받침이 들어간 글자를 연습해 볼 거예요. 겹받침은 서로 다른 두 개의 자음으로 이루어진 받침이에요. 예를 들어 '몫'이라는 글자의 겹받침은 'ㄲ'이에요.

한글 겹받침은 총 열한 개가 있어요. 각각의 겹받침과 그 겹받침이 들어간 낱말을 함께 확인해 보아요.

ㄳ	몫, 삯		ㄽ	외곬
ㄵ	앉다, 얹다		ㄾ	핥다, 훑다
ㄶ	끊다, 많다, 않다		ㄿ	읊다
ㄺ	칡, 닭, 흙, 늙다, 맑다, 읽다		ㅀ	끓다, 닳다, 잃다
ㄻ	삶, 앎, 닮다, 옮다		ㅄ	값, 없다
ㄼ	여덟, 넓다, 짧다, 밟다			

겹받침이 들어간 글자를 쓸 때는 크기를 잘 조절해야 해요. 전체 글자 안에서 겹받침의 크기를 확인해 보아요.

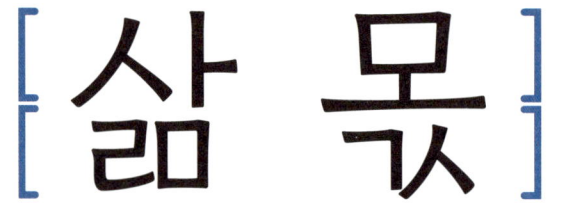

첫소리의 자음과 겹받침의 크기가 거의 같아요.

이제 겹받침이 들어간 글자를 직접 써 볼 거예요. 겹받침이 들어간 글자는 읽는 법도 어렵기 때문에 발음도 함께 알아볼게요.

✏️ 연습일   월   일

 **열한 가지 겹받침 쓰기**

열한 가지 겹받침을 모두 연습해 보아요. 이때 겹받침의 전체 크기는 자음 하나로 이루어진 받침의 크기와 같아요. 그리고 겹받침을 이루는 각 자음의 크기는 전체를 이등분한 것처럼 서로 비슷해요.

ㄱ	ㄳ	ㄳ	ㄳ	ㄳ	ㄳ	ㄳ	ㄳ	ㄳ
ㄴ	ㄵ	ㄵ	ㄵ	ㄵ	ㄵ	ㄵ	ㄵ	ㄵ
ㄴ	ㄶ	ㄶ	ㄶ	ㄶ	ㄶ	ㄶ	ㄶ	ㄶ
ㄹ	ㄺ	ㄺ	ㄺ	ㄺ	ㄺ	ㄺ	ㄺ	ㄺ
ㄹ	ㄻ	ㄻ	ㄻ	ㄻ	ㄼ	ㄼ	ㄼ	ㄼ
ㄹ	ㄽ	ㄽ	ㄽ	ㄽ	ㄽ	ㄽ	ㄽ	ㄽ
ㄹ	ㄾ	ㄾ	ㄾ	ㄾ	ㄿ	ㄿ	ㄿ	ㄿ
ㄹ	ㅀ	ㅀ	ㅀ	ㅀ	ㅀ	ㅀ	ㅀ	ㅀ
ㅂ	ㅄ	ㅄ	ㅄ	ㅄ	ㅄ	ㅄ	ㅄ	ㅄ

 ## 겹받침이 들어간 낱말 쓰기와 발음하기

겹받침은 앞자음으로 발음되는 경우와 뒷자음으로 발음되는 경우가 있어요. 각 겹받침이 어떤 소리로 발음되는지 알아보고, 겹받침이 들어간 낱말을 소리 내어 읽으며 써 보아요.

🍎 **앞자음으로 발음하는 겹받침**: ㄱㅅ, ㄴㅈ, ㄴㅎ, ㄹㅅ, ㄹㅌ, ㄹㅎ, ㅂㅅ

| ㄱㅅ | 몫 [목] | 삯 [삭] | | ㄴㅈ | 앉다 [안][따] | 얹다 [언][따] |

| ㄹㅅ | 외곬 [외][골] | | ㄴㅎ | 많다 [만][타] | 않다 [안][타] |

| ㅂㅅ | 값 [갑] | 없 [업] | | ㄹㅌ | 핥다 [할][따] | 훑다 [훌][따] |

| ㄹㅎ | 끓다 [끌][타] | 닳다 [달][타] | 잃다 [일][타] |

🍎 **뒷자음으로 발음하는 겹받침**: ㄹㅁ, ㄹㅍ

| ㄹㅁ | 삶 [삼] | 앎 [암] | | ㄹㅍ | 읊다 [읖→읍][따] |

겹받침 중에는 앞자음으로 발음되기도 하고, 뒷자음으로 발음되기도 하는 겹받침도 있어요. 각각 바른 소리로 발음해 보고 써 보아요.

🍎 불규칙하게 발음하는 겹받침: ㄺ, ㄼ

ㄺ	닭 [닥]	칡 [칙]	흙 [흑]	산 [산]	기 [끼]	슭 [슥]
	맑 [막]	다 [때]	맑 [막]	지 [찌]	맑 [말]	고 [꼬]
	읽 [익]	다 [때]	읽 [익]	지 [찌]	읽 [일]	고 [꼬]

ㄼ	여 [여]	덟 [덜]	넓 [넙]	적 [쩍]	다 [다]	리 [리]
	밟 [밥]	다 [때]	밟 [밥]	지 [찌]	밟 [밥]	고 [꼬]
	넓 [널]	다 [때]	넓 [널]	지 [찌]	넓 [널]	고 [꼬]

12일째 줄 맞추어 쓰기

지금까지 한 글자, 한 글자에 집중해서 반듯한 글씨 모양을 익혀 보았어요. 이번에는 문장을 보기 좋게 쓰는 연습을 할 거예요. 그건 바로 줄을 맞춰 쓰는 거랍니다.

한 문장 안에는 획이 많은 글자도 있고, 적은 글자도 있지요. 다양한 모양의 글자들이 섞여 있기 때문에 전체적인 크기를 일정하게 맞춰 써야 해요. 아래 문장들을 비교해 보세요.

① 오늘은 바람이 불어요. (X) 글자도 바르지 않고 줄도 못 맞췄어요.

② 오늘은 바람이 불어요. (X) 글자는 바른 편인데 줄은 못 맞췄어요.

③ 오늘은 바람이 불어요. (O) 글자도 바르고 줄도 잘 맞췄어요.

2번 예시 문장은 한 글자 한 글자를 보면 못 쓰지 않았는데, 전체 크기가 일정하지 않아서 글씨가 어설프게 느껴져요. 받침이 있는 글자의 자음과 모음은 조금 작고 짧게 써야 하는데, 받침이 없는 글자의 자음과 모음 크기로 썼기 때문이에요. 그래서 '늘', '람', '불' 글자가 위아래로 비죽 나와 버렸어요.

줄을 맞추어 쓸 때는 문장 첫머리에 쓴 글자에 맞춰 일정한 크기로 써야 해요. 그럼 지금부터 줄 맞추어 문장 쓰기 연습을 해 보아요!

📝 연습일   월   일

 가운데 줄 맞추어 쓰기

　가운데 점선을 기준으로 글자 크기를 일정하게 맞추어 써 보아요. 윗부분과 아랫부분의 균형을 맞춰서 쓰면 돼요. 이때 받침이 있는 글자와 받침이 없는 글자의 전체 크기가 비슷해야 해요.

개나리 노란 꽃그늘 아래

가지런히 놓여 있는 꼬까신

아기가 살짝 벗어 놓은 신

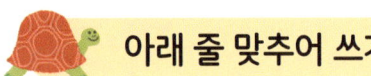 **아래 줄 맞추어 쓰기**

줄이 있는 공책에 글을 쓸 때는 밑줄에 맞추어 써야 해요. 이때 문장의 첫 글자를 알맞게 쓰는 것이 가장 중요해요. 첫 글자의 크기에 나머지 글자들을 맞춰야 하거든요.

물 한 모금 입에 물고

물

하늘 한 번 쳐다보고

하

또 한 모금 입에 물고

또

구름 한 번 쳐다보고

구

 **마음으로 줄 맞추어 쓰기**

마지막으로 종합장같이 줄이 없는 공책에 일정하게 글자를 쓰는 연습을 해 보아요. 이건 좀 어려워요. 자세를 바르게 하고, 마음속으로 가운데 줄과 밑줄이 있다고 상상하면서 써 보아요.

두꺼비 집이 여물까
까치집이 여물까
두꺼비는 집 짓고
황새는 물 긷고

숫자와 알파벳 쓰기

일상생활이나 공부를 할 때 한글만 쓰는 건 아니에요. 숫자와 영어도 많이 사용해요. 그래서 이번에는 숫자 쓰기와 영어 알파벳 쓰기 연습을 할 거예요.

한글 글자는 똑바로 곧게 써야 보기에 좋고 글씨도 예쁘게 느껴져요. 그런데 숫자와 영어는 똑바로 곧게 쓰기도 하고, 조금 기울여서 쓰기도 해요. 둘 다 보기 좋답니다.

1 2 3 4 5 6 7 8 9 0

Aa Bb Cc Dd Ee Ff Gg

Hh Ii Jj Kk Ll Mm Nn

Oo Pp Qq Rr Ss Tt Uu

Vv Ww Xx Yy Zz

참, 영어는 마지막 줄처럼 흘려서 쓰기도 하는데, 이런 손글씨 모양을 필기체라고 해요. 이제 숫자와 영어 알파벳을 직접 써 볼까요?

 연습일   월   일

 **숫자 쓰기**

숫자는 곧은 선보다 둥근 선이 많아요. 1, 4, 7을 빼고는 모두 곡선이 들어가 있어요. 곡선으로 쓰는 부분은 동그라미를 그리듯 둥글게 굴려서 써요.

🍎 **숫자 바로 쓰기**: 가운데 줄을 기준으로 윗부분과 아랫부분의 크기를 같게 써요.

1 2 3 4 5 6 7 8 9 0

🍎 **숫자 기울여서 쓰기**: 숫자의 윗부분이 시계의 1시 방향을 가리키는 정도로 기울여서 써요.

1 2 3 4 5 6 7 8 9 0

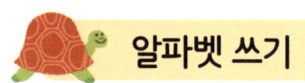 **알파벳 쓰기**

영어 알파벳은 대문자와 소문자가 있어요. 숫자처럼 둥근 부분이 많지요. 특히 선을 한 번에 이어서 꺾어 쓰는 부분은 각지지 않도록 둥글게 연결해요. 여기서는 기울여 쓰거나 필기체로 쓰지 않고 바르게 써 보아요.

Aa Bb Cc Dd Ee

Aa Bb Cc Dd Ee

Ff Gg Hh Ii Jj

Ff Gg Hh Ii Jj

Kk Ll Mm Nn

Kk Ll Mm Nn

Oo　　Pp　　Qq　　Rr

Oo　　Pp　　Qq　　Rr

Ss　　Tt　　Uu　　Vv

Ss　　Tt　　Uu　　Vv

Ww　　Xx　　Yy　　Zz

Ww　　Xx　　Yy　　Zz

14일째	15일째	16일째	17일째
꺾어 쓰기(정자체) 낱말 연습	틀리기 쉬운 맞춤법 연습	헷갈리는 띄어쓰기 연습	어휘력을 키워 주는 관용 표현 쓰기

18일째	19일째	20일째	
지혜가 담긴 속담 쓰기	뜻이 깊은 사자성어 쓰기	내 마음을 울리는 명언 쓰기	

또박또박

반듯한 글씨로 낱말과 문장 쓰기

14일째 꺾어 쓰기(정자체) 낱말 연습

지금까지 우리는 단정한 글씨체로 글씨 쓰기 연습을 했어요. 선을 꺾지 않고 반듯하고 곧게 쓰는 거지요. 그런데 교과서나 책에 쓰인 글씨를 보면 획이 조금 꺾여 있어요. 이번엔 우리도 이 글씨체를 연습해 볼 거예요. 바로 정자체랍니다.

단정체와 정자체의 획을 비교해 볼까요? 정자체를 어떻게 쓰는지도 함께 알아보아요.

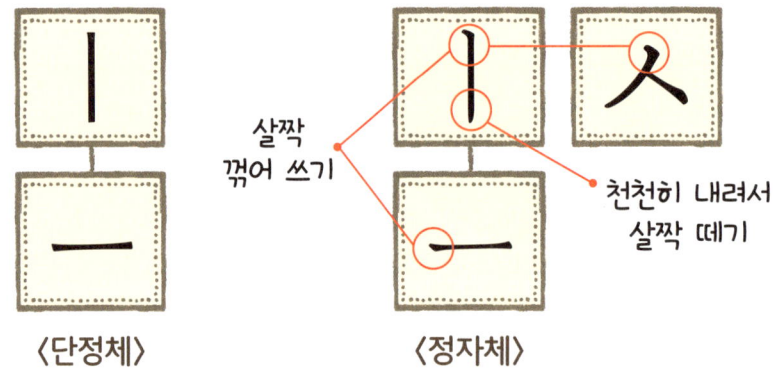

정자체는 붓글씨를 쓰듯 한 획 한 획에 주의를 기울여야 해요. 아주 정성 들여 글씨를 썼다는 느낌을 주기 때문에 중요한 내용의 글이나 많은 사람이 읽는 글은 정자체로 많이 써요. 정자체를 쓰려면 실제로도 정성을 들여야 해서 글씨를 쓰는 바른 자세와 마음가짐까지 배울 수 있지요.

그럼 이제 정자체를 직접 써 볼까요? 모음자와 자음자의 획을 꺾어 쓰는 연습을 한 뒤, 정자체로 낱말 쓰기 연습을 해 보아요.

연습일   월   일

꺾어 쓰는 정자체 획 연습

모음자와 자음자를 정자체로 써 보아요. 세로획과 가로획을 꺾어 쓰는 부분에 주의해요.

🍎 **정자체 모음자 쓰기:** ㅐ, ㅔ, ㅙ, ㅞ 에서 뒤의 'ㅣ'는 앞의 세로획보다 좀 더 길게 써요.

🍎 **정자체 자음자 쓰기:** 자음자를 쓸 때는 세로획과 가로획이 꺾어지는 부분에 주의해요.

정자체로 낱말 쓰기

한 획 한 획 주의를 기울여 다음 낱말들을 정자체로 써 보아요.

🍎 **우리나라의 역사**

고	조	선
고	조	선

고	구	려
고	구	려

백	제
백	제

신	라
신	라

고	려
고	려

조	선
조	선

대	한	제	국
대	한	제	국

한	국
한	국

🍎 **우리나라의 위인**

세	종	대	왕
세	종	대	왕

이	순	신
이	순	신

정	약	용
정	약	용

신	사	임	당
신	사	임	당

김	만	덕
김	만	덕

유	관	순
유	관	순

🍎 우리나라의 계절

| 봄 | 여름 | 가을 | 겨울 | 사계절 |
| 봄 | 여름 | 가을 | 겨울 | 사계절 |

🍎 우리나라의 기념일과 명절

| 삼일절 | 현충일 | 광복절 |
| 삼일절 | 현충일 | 광복절 |

| 개천절 | 한글날 | 설 | 추석 |
| 개천절 | 한글날 | 설 | 추석 |

🍎 내가 다니는 학교와 내 이름

(예시) 서호초등학교 4학년 1반 15번 강승임

15일째 틀리기 쉬운 맞춤법 연습

예쁘고 바른 글씨만큼이나 맞춤법에 맞게 글자를 쓰는 것도 중요해요. 그래야 뜻을 더욱 정확히 전달할 수 있거든요. 한글 맞춤법은 표준어를 소리 나는 대로 적되, 어법에 맞아야 해요. 무슨 뜻이냐고요?

먼저, 표준어와 사투리가 있으면 표준어가 맞춤법에 맞는 말이에요. 예를 들어 '지팡이'는 사투리로 '지팽이'예요. 둘 다 틀린 말은 아닌데, 맞춤법에 맞는 말은 표준어인 '지팡이'예요.

다음으로, 한글은 소리 문자이기 때문에 웬만하면 소리대로 적어야 해요. 예를 들어 '춥다'에 '-어서'를 붙이면 '춥어서'라고 쓰지 않고 '추워서'라고 쓰는 거예요. '춥어서'는 발음하기 어려워 '추워서'라고 소리를 내기 때문이에요.

하지만 소리대로 적었는데 뜻을 파악하기 어렵다면 원래 형태로 적어야 해요. 예를 들어 '꽃'에 '이'를 붙이면 '꼬치'라고 소리 나요. 하지만 이렇게 적으면 음식 꼬치와 구별하기 어렵지요. 이런 경우에는 '꽃이'라고 써야 해요.

다음 문제를 풀면서 위 내용을 확인해 보아요.

❶ 할아버지가 (지팡이/지팽이)를 만들었어요.
❷ 날이 너무 (춥어서/추워서) 얼른 들어왔어요.
❸ 연못가에 핀 (꽃이/꼬치) 정말 아름다워요.

정답 ① 지팡이 ② 추워서 ③ 꽃이

그럼 이제 틀리기 쉬운 맞춤법을 알아보고, 위의 원칙에 맞게 쓰는 연습을 해 보아요.

연습일   월   일

3단계

틀리기 쉬운 낱말 연습

평소에 잘 틀리는 낱말이 무엇인지 확인하고, 맞춤법에 맞게 따라 써 보아요.

| 안 | 않(×) | 밥을 안 먹었어요. |

♣ '않다, 않고, 않아서, 않니' 등의 낱말에는 '않-'을 써요.

| 됐다 | 됬다(×) | 마침내 왕이 됐다. |

♣ '됐다'는 '되었다'의 줄임말이고, '돼'는 '되어'의 줄임말이에요.

| 며칠 | 몇 일(×) | 오늘이 며칠이니? |

♣ '몇 일'은 어떤 경우에도 쓰이지 않아요. 하지만 '몇, 몇 월, 몇 달, 몇 년' 등은 쓰여요.

| 할게 | 할께(×) | 내일 숙제를 할게. |

♣ '할 꺼야'라고 쓰지 않고 '할 거야'라고 써요.

| 나는 | 날으는(×) | 하늘을 나는 비행기 |

| 깨끗이 | 깨끗히(×) | 방을 깨끗이 닦자. |

| 더럽다 | 드럽다(×) | 옷이 아주 더럽다. |

| 아니에요 | 아니예요(×) | 거짓말이 아니에요. |

| 하려고 | 할려고(×) | 내가 하려고 했어. |

♣ '가려고, 오려고, 보려고, 먹으려고'라고 써요.

| 설렘 | 설레임(×) | 설렘에 심장이 쿵쾅 |

♣ '설레이다, 설레임'은 틀린 말이에요. '설레다, 설렘'이 맞아요.

| 찌개 | 찌게(×) | 점심에 찌개 먹자. |

♣ 음식 이름을 맞춤법에 맞게 쓴 예로는 삼계탕, 케이크, 육개장, 돈가스 등이 있어요.

| 어쨌든 | 어쨋든(×) | 어쨌든 생명이야. |

♣ '아무튼'도 '아뭏든'이라고 쓰지 않아요.

| 떡볶이 | 떡뽁끼(×) | 떡볶이는 매워요. |

| 그래서 | 그레서(×) | 그래서 집에 갔다. |

| 그런데 | 그런대(×) | 그런데 심심했다. |

| 어떠니 | 어떻니(×) | 그 책은 어떠니? |

| 가르치다 | 가르키다(×) | 동생을 가르칩니다. |

| 나무꾼 | 나뭇군(×) | 나무꾼이 걸어가요. |

| 바뀌었다 | 바꼈다(×) | 이름이 바뀌었어요. |

발음이 비슷해서 헷갈리는 낱말 연습

발음이 비슷해서 헷갈리는 낱말들을 알아보고, 각각 맞춤법에 맞게 써 보아요.

맞추다: 나란히 놓고 비교하다.	짝을 맞추어요.
맞히다: 옳은 답을 내다.	정답을 맞혀요.

반듯이: 반듯하게	자세를 반듯이 해라.
반드시: 꼭	그 일을 반드시 해 낼 거야.

갔다: 이동하다, 다니다.	학교에 갔다.
같다: 서로 다르지 않다.	두 물건의 값이 같아요.

틀리다: 잘못되었다.	답이 틀렸다.
다르다: 같지 않다.	나는 너랑 생각이 달라.

웬: 어찌 된, 어떠한	겨울에 웬 수박이야?
왠지: 왜 그런지 모르게	왠지 눈이 올 것 같아.

낳다: 새끼를 몸 밖으로 내놓다.	우리 집 개가 새끼를 낳았어.
낫다: 병이 고쳐지다.	감기가 완전히 나았다.

♣ '낫다'는 '나은, 나아서, 나았다' 등으로 변하면 'ㅅ'이 탈락해요.

16일째 헷갈리는 띄어쓰기 연습

문장의 뜻을 정확히 전달하기 위해서는 글자가 틀리지 않아야 할 뿐만 아니라 띄어쓰기도 잘해야 해요. 띄어쓰기가 잘못되었을 때 뜻이 어떻게 달라지는지 확인해 보세요.

❶ 아버지가방에서주무셨다.
❷ 아버지 가방에서 주무셨다.
❸ 아버지가 방에서 주무셨다.

❶은 띄어쓰기가 하나도 안 되어 있어요. 그래서 보기에도 답답하고 무슨 뜻인지 헷갈려요. ❷는 아버지가 가방에서 주무셨다는 뜻이 돼요. 이상하지요? ❸은 아버지가 방에서 주무셨다는 뜻이에요. 띄어쓰기를 잘 지켜서 정확한 뜻을 알 수 있어요.

우리 한글은 낱말과 낱말 사이를 띄어 쓰는 것이 원칙이에요. 어느 정도 띄면 좋을까요?

아침에❶일어나 ❷학교에 ❸ 가요.

❶은 너무 좁고 ❸은 너무 넓어요. ❷처럼 글자 크기의 ½정도의 간격으로 띄어 쓰는 것이 좋답니다. 그러나 원고지에서는 한 칸을 띄어 써요.

그럼 이제 낱말과 낱말 사이를 적당히 띄어 쓰는 연습을 해 보고, 헷갈리기 쉬운 띄어쓰기를 알아보아요.

✏️ 연습일   월   일

 낱말과 낱말 사이 띄어쓰기 연습

낱말 하나하나에 주의하여 띄어 써 보아요. 하나의 낱말은 붙여 쓰고, 다른 낱말은 띄어 써요. 물건을 세는 말이나 나이를 세는 말은 모두 띄어 써요. V는 띄어쓰기 표시예요.

우리나라V사람	우리나라 V 사람
다른V나라V사람	다른 V 나라 V 사람
우리V학교	우리 V 학교
체육V시간	체육 V 시간
연필V두V자루	연필 V 두 V 자루
소V한V마리	소 V 한 V 마리
세V살V아기	세 V 살 V 아기
공사V중이니V돌아가V주세요.
새벽V공기가V참V상쾌해요.

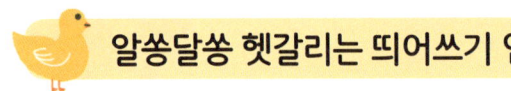# 알쏭달쏭 헷갈리는 띄어쓰기 연습

어떤 낱말들은 띄어 써야 할지, 붙여 써야 할지 참 헷갈려요. 띄어쓰기가 헷갈리는 낱말이 들어간 문장을 통째로 연습해 보아요.

🍎 **앞말에 띄어 써야 하는 낱말들**: 의존 명사는 앞말에 띄어 써요.

수	나는 V 할 V 수 V 있어요.
것	그는 V 왕자일 V 것이다.
척	못 V 본 V 척하더라.
뿐	먹을 V 뿐만 V 아니라

♣ 그럴 따름이라는 뜻의 '뿐'은 띄어 써요.

| 만 | 3일 V 만에 V 세수했다. |

♣ 시간이나 시기, 횟수 뒤의 '만'은 띄어 써요.

| 지 | 밥을 V 먹은 V 지 V 1시간 |

♣ 시간이나 시기, 횟수 앞의 '지'는 띄어 써요.

| 만큼 | 노력한 V 만큼 V 잘했어. |

♣ 정도를 뜻하는 '만큼'은 띄어 써요.

| 대로 | 지칠 V 대로 V 지쳤어. |

♣ 어떤 모양이나 상태를 뜻하는 '대로'는 띄어 써요.

🍎 **앞말에 붙여 써야 하는 낱말들**: 조사는 앞말에 붙여 써요.

| 뿐 | 나에게는 ∨ 너뿐이야. |

♣ 오직 그것만이라는 뜻의 '뿐'은 붙여 써요.

| 만 | 눈만 ∨ 감으면 ∨ 졸려. |

♣ 다른 것에서부터 어느 것을 제한하는 뜻의 '만'은 붙여 써요.

| 만큼 | 하늘만큼 ∨ 큰 ∨ 사랑 |

♣ 비슷한 정도를 뜻하는 '만큼'은 붙여 써요.

| 대로 | 나는 ∨ 나대로 ∨ 할게. |

♣ 따로따로 구별됨을 뜻하는 '대로'는 붙여 써요.

| 밖에 | 이 ∨ 연필밖에 ∨ 없나요? |

| 커녕 | 밥은커녕 ∨ 물만 ∨ 있어. |

| 부터 | 이제부터 ∨ 시작입니다. |

| 라고 | "엄마."라고 ∨ 말했다. |

| 처럼 | 미국인처럼 ∨ 영어를 ∨ 해. |

| 에게서 | 선생님에게서 ∨ 온 ∨ 편지 |

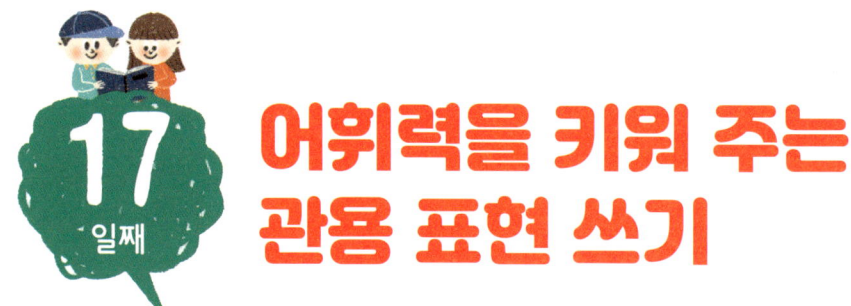

17일째 어휘력을 키워 주는 관용 표현 쓰기

오늘부터 4일 동안은 단순히 글씨만 예쁘게 쓰는 게 아니라 의미 있는 문장과 글을 마음에 새기며 쓰는 연습을 할 거예요. 그럼 글씨 연습이 더 뿌듯하겠죠?

그 첫 번째로 언어생활에서 많이 쓰이는 관용 표현을 연습하려고 해요. 예를 들어 볼게요. '눈이 높다'라는 말은 무슨 뜻인가요? 정말 눈이 얼굴에 높이 달려 있다는 뜻일까요? 아니에요. '눈이 높다'는 건 '좋은 것만 찾는다'는 뜻이에요.

이처럼 관용 표현은 둘 이상의 낱말이 합쳐져 원래의 뜻과는 다른 새로운 의미를 나타내는 표현을 말해요. '눈이 높다', '발이 넓다', '코가 높다', '손이 크다' 등 다양한 관용 표현이 있어요. 대화를 나누거나 글을 쓸 때 이런 표현을 사용하면 복잡한 상황을 아주 간단하게 전할 수 있지요.

그럼 본격적으로 쓰기 연습을 하기 전에 관용 표현에 대해 얼마만큼 알고 있는지 점검해 보아요. 다음 관용 표현의 뜻을 찾아 바르게 연결해 보세요.

① 눈이 높다　　　　　　　　　㉠ 씀씀이가 후하다.

② 발이 넓다　　　　　　　　　㉡ 좋은 것만 찾는다.

③ 코가 높다　　　　　　　　　㉢ 아는 사람이 많다.

④ 손이 크다　　　　　　　　　㉣ 잘난 체하고 뽐낸다.

정답 ①-㉡ ②-㉢ ③-㉣ ④-㉠

연습일   월   일

얼굴의 부분을 활용한 관용 표현 쓰기

눈, 코, 입, 귀 등 얼굴의 부분을 활용한 관용 표현을 알아보고, 뜻을 새기며 예쁘게 써 보아요.

눈이 높다
뜻: 사물을 보는 관점이 높다.

입이 무겁다
뜻: 남의 비밀을 함부로 말하지 않는다.

코가 높다
뜻: 잘난 체하고 뽐낸다.

입을 모으다
뜻: 여러 사람이 같은 의견을 말한다.

얼굴을 내밀다   얼굴을 내밀다
뜻: 모임에 모습을 나타내다.

코가 납작해지다   코가 납작해지다
뜻: 기가 죽다.

눈코 뜰 새 없다   눈코 뜰 새 없다
뜻: 정신 차리지 못할 만큼 아주 바쁘다.

귀에 못이 박히다 (뜻: 너무 많이 들어서 질릴 정도이다.)

몸의 부분을 활용한 관용 표현 쓰기

손, 발, 배 등 몸의 부분을 활용한 관용 표현을 알아보고, 뜻을 새기며 예쁘게 써 보아요.

| 손 | 이 | | 크 | 다 |

뜻: 씀씀이가 크다. 인심이 후하다.

| 배 | 가 | | 아 | 프 | 다 |

뜻: 남이 잘되어 속이 상하다.

| 발 | 이 | | 넓 | 다 |

뜻: 아는 사람이 많아 활동 범위가 넓다.

| 발 | 이 | | 뜸 | 하 | 다 |

뜻: 자주 다니던 것이 한동안 없다.

발 벗고 나서다   발 벗고 나서다

뜻: 어떤 일에 앞장서서 행동하다.

손에 땀을 쥐다   손에 땀을 쥐다

뜻: 매우 긴장된 상태다.

가슴을 앓다   가슴을 앓다

뜻: 마음의 고통을 느끼다.

목에 힘을 주다 (뜻: 거드름을 피우거나 남을 깔보는 듯한 태도를 보이다.)

허파에 바람 들다 (뜻: 실없이 행동하거나 지나치게 웃어대다.)

자연과 사물을 활용한 관용 표현 쓰기

자연과 사물이 들어간 관용 표현을 알아보고, 뜻을 새기며 예쁘게 써 보아요.

국	물	도		없	다

뜻: 어림도 없다.

시	치	미	를		떼	다

뜻: 알고도 모르는 척한다.

산	통	을		깨	다

뜻: 분위기를 깨다.

미	역	국	을		먹	다

뜻: 시험에 떨어지다.

깨가 쏟아진다   깨가 쏟아진다

뜻: 오붓하고 아기자기하다.

하늘을 찌르다   하늘을 찌르다

뜻: 기세가 몹시 세차다.

찬물을 끼얹다   찬물을 끼얹다

뜻: 좋은 분위기에 끼어들어 분위기를 망친다.

바람을 일으키다 (뜻: 사회적으로 영향을 미치거나 문제를 일으키다.)

하늘 높은 줄 모르다 (뜻: 분수를 모르다.)

18일째 지혜가 담긴 속담 쓰기

이번엔 속담 쓰기 연습을 할 거예요. 속담은 예로부터 전해지는 조상들의 지혜가 담긴 말이에요. 우리가 살아가는 데 교훈이 되고 경계해야 하는 것이 무엇인지 알려 주지요.

예를 들어 '돌다리도 두들겨 보고 건너라'라는 속담이 있어요. 아무리 잘 알고 쉬운 일이라도 철저히 준비하고 신중하게 생각하여 행동해야 한다는 뜻이에요. 그래야 안전하고 실패하지 않는 법이지요.

이렇게 속담은 그 뜻을 직접적으로 말하지 않고 돌려서 표현해요. '준비를 철저히 하라'라고 직접적으로 말하지 않고, '돌다리도 두들겨 보고 건너라'라고 비유적으로 말하는 거지요. 그래서 속담을 공부할 때는 문자 그대로의 뜻이 아니라 그 속뜻을 알아야 해요.

그럼 먼저 속담에 대해 얼마만큼 알고 있는지 점검해 보아요. 다음 뜻을 나타내는 속담을 보기에서 찾아보아요.

> **보기**　㉠ 침 발린 말　　㉡ 백지장도 맞들면 낫다　　㉢ 가재는 게 편

❶ 쉬운 일이라도 함께 협력하면 더 쉽다는 말 ( )

❷ 겉으로만 꾸며서 듣기 좋게 하는 말 ( )

❸ 모양이나 형편이 서로 비슷한 것끼리 잘 어울리고 서로 사정을 보아준다는 말 ( )

정답 ① ㉡ ② ㉠ ③ ㉢

연습일   월   일

3단계

말에 관한 속담 쓰기

말에 관한 속담들은 대부분 말을 할 때 주의하라는 뜻을 담고 있어요. 속담의 의미를 새기며 바르게 써 보아요.

| 한 | 입 | 으 | 로 | | 두 | | 말 | 하 | 기 | |

뜻: 한 가지 일에 대하여 말을 이렇게 하였다 저렇게 하였다 한다.

| 혀 | | 아 | 래 | | 도 | 끼 | | 들 | 었 | 다 | . |

뜻: 말을 잘못하면 불행한 일을 겪을 수 있으니 말조심해야 한다.

글 속에 글 있고 말 속에 말 있다. (뜻: 말과 글의 속뜻을 생각해야 한다.)

글 속에 글 있고 말 속에 말 있다.

가는 말이 고와야 오는 말이 곱다. (뜻: 내가 남에게 잘해야 남도 나에게 잘한다.)

가는 말이 고와야 오는 말이 곱다.

발 없는 말이 천 리 간다. (뜻: 말은 금방 쉽게 퍼지니 말조심하라.)

발 없는 말이 천 리 간다.

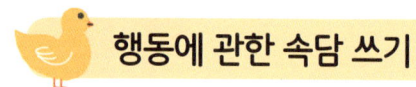 **행동에 관한 속담 쓰기**

꿈을 이루고 행복하게 살기 위해서는 행동을 잘해야 해요. 속담을 통해 평소에 어떻게 행동해야 하는지 알아보고, 뜻을 새기며 바르게 써 보아요.

공든 탑이 무너지랴.
뜻: 최선을 다한 일은 그 결과가 헛되지 않다.

백지장도 맞들면 낫다.
뜻: 아무리 쉬운 일이라도 서로 힘을 합하면 훨씬 쉽다.

무쇠도 갈면 바늘 된다.
뜻: 꾸준히 노력하면 어려운 일도 이룰 수 있다.

세 살 버릇 여든까지 간다. (뜻: 어릴 때의 버릇은 늙어서도 고치기 어렵다.)

세 살 버릇 여든까지 간다.

돌다리도 두들겨 보고 건너라. (뜻: 확실한 일이라도 꼼꼼하게 확인하고 조심하라.)

돌다리도 두들겨 보고 건너라.

티끌 모아 태산 (뜻: 작은 것이라도 모이고 모이면 큰 것이 된다.)

티끌 모아 태산

가족과 친구에 관한 속담 쓰기

가족과 친구는 살아가면서 가장 큰 힘이 되는 존재들이에요. 가족과 친구에 관한 속담들에는 어떤 뜻이 담겨 있는지 의미를 새기며 바르게 써 보아요.

가재는 게 편이라.

뜻: 모양이나 형편이 서로 비슷한 것끼리 잘 어울리고 감싸 준다.

웃는 집에 복이 있다.

뜻: 늘 웃음꽃이 피는 화목한 집에는 행복이 찾아든다.

바늘 가는 데 실 간다.

뜻: 두 사람 사이의 관계가 매우 가깝다.

고슴도치도 살 친구가 있다. (뜻: 누구에게나 친하게 지낼 친구가 있기 마련이다.)

고슴도치도 살 친구가 있다.

길동무가 좋으면 먼 길도 가깝다. (뜻: 마음이 맞는 사람과 일하면 힘이 덜 든다.)

길동무가 좋으면 먼 길도 가깝다.

가지 많은 나무에 바람 잘 날 없다. (뜻: 자식을 많이 둔 부모는 걱정이 많다.)

가지 많은 나무에 바람 잘 날 없다.

19일째 뜻이 깊은 사자성어 쓰기

세 번째로 뜻을 새기며 연습할 말은 사자성어예요. 사자성어(四字成語)는 말 그대로 한자 네 자로 이루어진 훌륭한 말이에요. 속담 못지않게 큰 교훈과 깨달음을 주지요. 사자성어는 대부분 중국에서 유래했어요. 중국의 역사나 이야기 등에서 생겨난 말이 아주 많아요.

예를 들어 '어부지리(漁父之利)'라는 말이 있어요. 한자어 그대로 하면 '어부의 이익'이라는 뜻이에요. 여기에는 이런 이야기가 전해 내려와요.

한 어부가 바닷가에서 입을 열고 있는 조개를 보았어요. 그때 마침 도요새가 날아와 조갯살을 먹으려고 부리를 조개 입속으로 집어넣었는데, 조개가 입을 다물어 버렸어요. 둘이 그렇게 싸우는 모습을 본 어부는 힘들이지 않고 한 번에 둘을 잡았답니다.
이 이야기에서 어부지리(漁父之利)라는 말이 생겼고, 이후 이 말은 둘 사이의 다툼을 틈타 제3의 인물이 이익을 얻는 경우를 일컫게 되었지요.

이처럼 사자성어는 복잡한 상황을 분명하게 파악할 수 있게 해 주고, 그런 상황에서 어떤 선택을 해야 하는지 교훈을 준답니다.

그럼 지금부터 자주 사용하는 사자성어와 그 뜻을 알아볼까요? 네모 칸에 있는 사자성어를 정자체로 바르게 따라 써 보고, 밑줄에 맞춰 쓰는 연습도 해 보아요.

📝 연습일   월   일

ㄱ, ㄴ, ㄷ, ㅁ 으로 시작하는 사자성어 쓰기

- **고진감래**: 쓴 것이 다하면 단 것이 온다. 힘든 일이 지나면 즐거운 일이 온다.

| 고 | 진 | 감 | 래 | 고 | 진 | 감 | 래 |

- **군계일학**: 닭의 무리에 끼어 있는 학 한 마리. 평범한 사람들 속에서 뛰어난 한 사람.

| 군 | 계 | 일 | 학 | 군 | 계 | 일 | 학 |

- **난형난제**: 서로 비슷하여 어느 쪽이 더 낫고 어느 쪽이 더 못한지 정하기 어렵다.

| 난 | 형 | 난 | 제 | 난 | 형 | 난 | 제 |

- **대기만성**: 큰 그릇은 시간이 오래 걸려 만들어진다. 크게 될 사람은 늦게 이루어진다.

| 대 | 기 | 만 | 성 | 대 | 기 | 만 | 성 |

- **동문서답**: 질문과 전혀 상관없는 엉뚱한 대답.

| 동 | 문 | 서 | 답 | 동 | 문 | 서 | 답 |

- **마이동풍**: 동풍이 말의 귀를 스쳐 간다. 남의 말을 귀담아듣지 않고 흘려버린다.

| 마 | 이 | 동 | 풍 | 마 | 이 | 동 | 풍 |

ㅂ, ㅅ, ㅇ, ㅈ으로 시작하는 사자성어 쓰기

- **백전백승**: 백 번 싸워 백 번 이김. 싸울 때마다 다 이김.

| 백 | 전 | 백 | 승 | 백 | 전 | 백 | 승 |

- **사면초가**: 아무에게도 도움을 받지 못하는 아주 곤란한 형편.

| 사 | 면 | 초 | 가 | 사 | 면 | 초 | 가 |

- **새옹지마**: 인생에서 좋은 일과 나쁜 일은 변화가 많아서 예측하기 어렵다.

| 새 | 옹 | 지 | 마 | 새 | 옹 | 지 | 마 |

- **설상가상**: 눈 위에 서리가 덮인다. 난처한 일이나 불행한 일이 잇따라 일어난다.

| 설 | 상 | 가 | 상 | 설 | 상 | 가 | 상 |

- **어부지리**: 두 사람이 다투는 사이에 엉뚱한 사람이 쉽게 이익을 가로챈다.

| 어 | 부 | 지 | 리 | 어 | 부 | 지 | 리 |

- **인과응보**: 과거나 전생의 행위에 따라 현재의 행복과 불행이 정해진다.

| 인 | 과 | 응 | 보 | 인 | 과 | 응 | 보 |

- **죽마고우**: 대나무로 만든 말을 타고 놀던 친구. 어릴 때부터 같이 놀며 자란 친구.

| 죽 | 마 | 고 | 우 | 죽 | 마 | 고 | 우 |

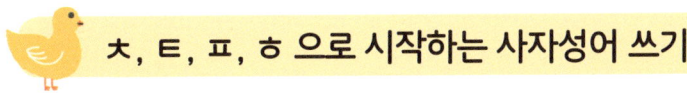
ㅊ, ㅌ, ㅍ, ㅎ 으로 시작하는 사자성어 쓰기

- **천고마비**: 하늘이 높고 말이 살찐다. 하늘이 높푸르고 온갖 곡식이 익는 가을철.

  | 천 | 고 | 마 | 비 | 천 | 고 | 마 | 비 |

- **칠전팔기**: 일곱 번 넘어지고 여덟 번 일어난다. 여러 번 실패해도 다시 도전한다.

  | 칠 | 전 | 팔 | 기 | 칠 | 전 | 팔 | 기 |

- **타산지석**: 다른 산의 돌이라는 뜻으로, 남의 말이나 행동을 거울삼아 자신의 인격을 닦음.

  | 타 | 산 | 지 | 석 | 타 | 산 | 지 | 석 |

- **파죽지세**: 대나무를 쪼개는 기세. 적을 거침없이 물리치고 쳐들어가는 기세.

  | 파 | 죽 | 지 | 세 | 파 | 죽 | 지 | 세 |

- **풍전등화**: 바람 앞의 등불. 매우 위태로운 처지.

  | 풍 | 전 | 등 | 화 | 풍 | 전 | 등 | 화 |

- **형설지공**: 반딧불과 눈의 빛으로 공부한다. 고생을 하면서 꾸준히 공부하는 자세를 뜻함.

  | 형 | 설 | 지 | 공 | 형 | 설 | 지 | 공 |

- **희로애락**: 기쁨과 노여움과 슬픔과 즐거움.

  | 희 | 로 | 애 | 락 | 희 | 로 | 애 | 락 |

20일째 내 마음을 울리는 명언 쓰기

마지막으로 뜻을 새기며 연습할 말은 명언이에요. 명언은 말 그대로 '널리 알려진 훌륭한 말'이에요. 명언은 우리 삶의 등불이자 나침반과 같아요. 무엇을 어떻게 해야 할지 갈피를 잡을 수 없을 때, 마음이 불안할 때, 포기하고 싶을 때 용기를 주고 방향을 알려 주지요. 그래서 많은 사람들이 명언을 좌우명으로 삼기도 해요.

헬렌 켈러는 행복과 관련하여 이런 명언을 남겼어요.

'행복의 한쪽 문이 닫히면 다른 쪽 문이 열린다.'

절망에 빠지거나 불행한 일이 닥쳤을 때 헬렌 켈러의 이 말을 듣는다면 용기가 생기고 희망을 느낄 수 있을 거예요. 헬렌 켈러의 말은, 행복은 자기가 마음먹기 나름이라는 생각을 하게 해 줘요.

명언은 관용 표현이나 속담과 달리 누가 그 말을 남겼는지 대체로 알 수 있어요. 위인이나 유명인이 실제로 한 말이나 쓴 글에서 따온 경우가 많거든요.

그럼 이제 우리를 돌아보고 좋은 삶을 살도록 이끌어 주는 명언들의 뜻을 알아보고, 바르게 써 보아요. 이번에도 한 글자 한 글자 정성을 담아 정자체로 써 보세요.

✏️ 연습일   월   일

 공부와 독서에 관한 명언 쓰기

공부와 책 읽기에 관한 명언들의 뜻을 새기며 정자체로 바르게 써 보아요.

경험은 최고의 교사이다.

책 없는 방은 영혼 없는 육체와 같다.

천천히 읽는 법을 배워라.

배운 사람은 항상 자기 안에 재산이 있다.

친구를 선택하듯이 좋은 책을 선택하라.

큰 도서관은 인류의 일기장과 같다.

 **행복과 희망에 관한 명언 쓰기**

행복과 희망에 관한 명언들의 뜻을 새기며 정자체로 바르게 써 보아요.

절망이란 어리석은 자의 결론이다.

모자라는 부분을 채워가는 것이 행복이다.

삶이 있는 곳에는 반드시 희망이 있다.

위대한 희망은 위대한 인물을 만든다.

행복의 한쪽 문이 닫히면 다른 쪽 문이 열린다.

대부분의 사람들은 자신이 마음먹은 만큼만 행복하다.

희망이란 깨어 있는 꿈이다.

우리는 모두 누군가를 기쁘게 한다는 희망 위에서 산다.

시간과 성공에 관한 명언 쓰기

시간과 성공에 관한 명언들의 뜻을 새기며 정자체로 바르게 써 보아요.

일 분 전만큼 먼 시간은 없다.

낭비한 시간에 대한 후회는 더 큰 낭비이다.

꿈꿀 수 있다면 실현도 가능하다.

한 번 실패와 영원한 실패를 혼동하지 말라.

그대의 하루하루를 마지막 날이라고 생각하라.

오늘이라는 날은 두 번 다시 오지 않는다.

성공하려는 본인의 의지가 다른 어떤 것보다 중요하다.

순간을 미루면 인생마저 미루게 된다.

21일째 ○	22일째 ○	23일째 ○	24일째 ○	25일째 ○
메모 쓰기와 알림장 쓰기	소중한 하루를 기억하는 일기 쓰기	나만의 감상을 담은 독서록 쓰기	한눈에 알아보는 노트 필기하기	정성이 담긴 원고지 쓰기

사각사각

예쁜 글씨로 즐겁게 글쓰기

21일째 메모 쓰기와 알림장 쓰기

이제 어느 정도는 바르고 예쁜 글씨를 쓰게 되었지요? 획 긋기부터 시작하여 자음자와 모음자 쓰기, 낱말 쓰기, 문장 쓰기 등을 차근차근 거쳤으니 지금쯤 글씨 쓰기에 자신감이 생겼을 거예요. 그래서 이번에는 이 실력을 실제 글쓰기에 적용해 보려고 해요. 오늘은 그 첫 번째로 메모 쓰기와 알림장 쓰기를 연습해 볼 거예요.

우리가 글을 쓰는 첫 번째 이유는 기록하기 위해서예요. 우리에게 일어난 일이나 해야 할 일 등을 잊어버리지 않기 위해서지요. 우리 뇌는 생각보다 기억력이 안 좋은 데다 종종 사실과 다르게 기억해요. 그래서 메모해 두지 않으면 어떤 생각이 떠올랐고, 실제 어떤 일이 있었는지 제대로 알 수 없어요.

학교에서는 알림장을 제대로 쓰지 않으면, 숙제는 무엇이고 어떤 준비물이 필요한지 잊어버려서 결국 다음 날 선생님께 혼날 수 있지요.

메모와 알림장은 한 자 한 자 정성 들여 써야 하는 글은 아니에요. 핵심만 콕 집어서 간단하게 빨리 쓰는 것이 중요하거든요. 그렇다고 글씨를 아무렇게나 쓰면 나중에 알아보기 어렵기 때문에 획과 동그라미의 기본은 지켜서 쓰는 게 좋겠지요.

그럼 이제 예시를 참고하여 메모와 알림장을 직접 써 보아요.

📝 연습일   월   일

 **메모 쓰기**

메모는 기억해야 하는 것, 기억하고 싶은 것을 기록한 짧은 글이에요. 하루 일과 같은 계획이나 사야 할 물건 목록 등을 메모해요. 기발한 아이디어나 그때그때 떠오른 느낌이나 생각 등도 메모할 수 있어요.

🍎 **해야 할 일 메모:** 예시를 참고하여 해야 할 일, 계획한 일을 아래 메모장에 메모해 보아요. 날짜를 쓰고, 해야 할 일에 번호를 붙여서 목록으로 만들고, 중요한 내용은 빨간색으로 표시해 보아요.

> 날짜를 써요. →
>
> 6/20 (목)
> 1. 받아쓰기 시험 준비
> 2. 영어 단어 10개 외우기 (V)
> 3. 우진이 생일 선물 ★ → 액체괴물, 인형, 향초 ???
> 4. 태권도 첫날! → 3시. ★★★
> 5. 할머니한테 전화! ★
>
> 번호를 붙여요.
>
> 한 일은 체크(V) 표시를 해요.
>
> 꼭 기억해야 하는 일, 중요한 일은 빨간색으로 표시해요.

🍎 **아이디어 메모:** 아이디어 메모는 꼭 예쁜 글씨로 쓰지 않아도 돼요. 떠오르는 생각을 재빨리 메모하는 게 중요하거든요. 하지만 자신이 알아볼 수는 있게 써야죠. 아이디어를 떠올리다 보면 그림이 생각날 수도 있고, 자기도 모르게 낙서를 할 수도 있어요. 아이디어 메모에서는 이 모든 것들을 다 적는 게 좋아요. 예시를 참고하여 떠오르는 생각들을 자유롭게 메모해 보아요.

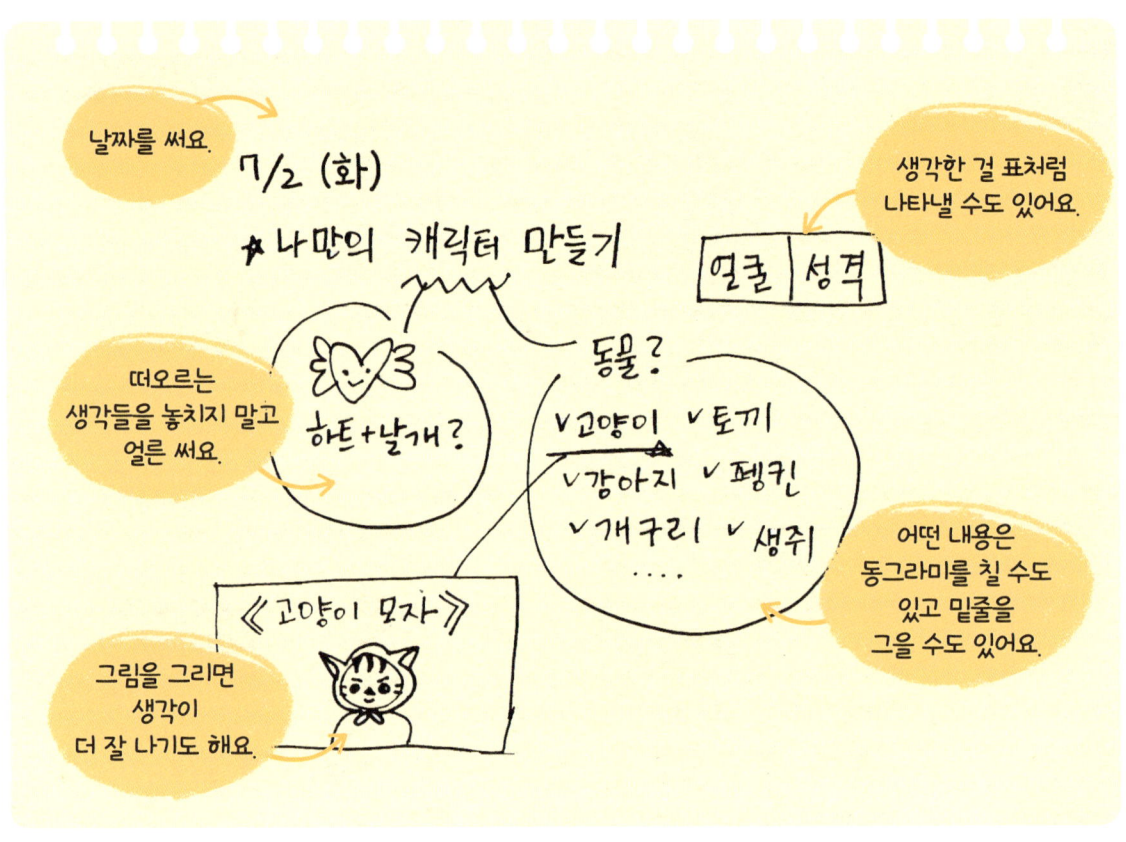

알림장 쓰기

알림장은 숙제나 준비물, 지켜야 할 점, 선생님의 지시 사항 등을 적은 거예요. 알림장은 메모와 달리 예쁘고 반듯하게 써야 해요. 메모는 나 혼자 보지만, 알림장은 부모님과 선생님이 모두 확인하기 때문이에요. 예시를 참고하여 날짜를 쓰고 번호를 붙여 알림장을 써 보아요.

날짜를 써요. → 3월 | 31일 | 수요일 | 선생님 확인 | 보호자 확인

번호를 붙여 내용을 정리해요.

1. 내일부터 급식 (물통, 수저통, 급식주머니)
2. 12시 30분에 학교 끝남
3. 알림장 부모님 확인 꼭
4. 딱지나 장난감 학교에 가져 오지 않기

선생님과 부모님이 알림장 검사를 하고 서명해요.

알림장 내용은 집에 가서 꼭 확인하고 실천해요.

월	일	요일	선생님 확인	보호자 확인

소중한 하루를 기억하는 일기 쓰기

22일째

학교에서 가장 많이 내는 글쓰기 숙제는 아마 일기 쓰기일 거예요. 하지만 아이들은 일기 쓰기를 그리 즐거워하지 않아요. 오늘 하루 겪은 일 중에서 기억에 남는 일을 쓰라는데, 매일 비슷한 생활을 되풀이하기 때문에 특별히 기억에 남는 일이 없지요. 그러면 생각하기가 싫고 귀찮아져 결국 일기 쓰기도 싫고 귀찮은 일이 되어 버려요.

그러면 일기를 즐겁게 쓰는 방법은 없을까요? 일기에 대한 생각을 바꾸고, 어떻게 쓰는지 방법을 배우면 돼요. 일단 일기는 어제와 다른 내용을 쓰면 된답니다. 기억에 남는 일이 있다면 그걸 쓰면 되지만, 특별한 일이 없다면 어제와 다른 내용을 쓰는 거예요. 우리에게 일어난 모든 일은 다 소중하기 때문에 일기에 기록할 만한 가치가 있어요.

일기는 아래와 같은 형식으로 쓰면 된답니다.

날짜: 20XX년 4월 7일 금요일	**날짜**를 정확하게 써요.
날씨: 활짝 웃는 해님	**날씨** 표현을 재미있게 써요.
제목: 두근두근 수업 시간	통통 튀는 **제목**을 붙여요.
우리 반에 새 친구가 전학을 왔다. 이름은 권지수이고, 제주도에서 왔다. 아주 큰 목소리로 씩씩하게 자기소개를 해서 반 친구들이 모두 깔깔 웃었다. 마침 내 옆자리가 비어 있어서 지수는 내 짝꿍이 되었다. 새 친구랑 앉으니까 심장이 두근두근 뛰었다.	**제목**과 관련된 일을 중심으로 자세하게 써요.
지수랑 재미있게 잘 지내고 싶다.	그 일에 대한 **생각, 느낌, 반성** 등을 덧붙여요.

✏️ 연습일   월   일

🐱 일기 쓰기의 기초 연습

일기의 시작은 날짜와 날씨 쓰기, 그리고 쓸거리 정하기예요. 먼저 재미있는 날씨 표현과 일기에 적을 만한 여러 가지 쓸거리를 정리해 보아요.

🍎 **재미있는 날씨 표현**: 재미있는 날씨 표현을 따라 써 보고, 직접 떠올린 표현을 적어 봐요.

맑음	해님이 활짝 웃은 날	
흐림	해님이 구름 뒤에 숨었네	
바람	화가 난 바람 아저씨	
비	후드득후드득 내리는 비	
눈	솜사탕 나라가 된 날	

🍎 **여러 가지 쓸거리**: 각 장소에서 일어난 일이나 겪은 일들을 떠올려 보고, 일기 쓸거리를 적어 봐요.

집	학교	그 외의 장소
① 동생과 다툰 일 ② ③	① 맛있는 급식 ② ③	① 봄 소풍 ② ③

사각사각 예쁜 글씨로 즐겁게 글쓰기 **101**

중심 사건으로 일기 쓰기

하루 동안 일어났던 여러 가지 일 중에서 가장 중심적인 사건을 골라 봐요. 중심 사건으로 일기를 쓸 때는 언제, 어디서, 무슨 사건이, 어떻게, 왜 일어났는지 쓰면 돼요. 예시 일기를 참고하여 오늘 있었던 일을 간단히 써 보아요.

날짜:

날씨:

제목:

♣ 그림은 꼭 그리지 않아도 괜찮아요. 아니면 한쪽 구석에 그려도 돼요.

관찰 결과로 일기 쓰기

관찰한 결과로 일기를 쓸 때는 언제, 어디서, 무엇을 보았는지 자세하게 쓰면 돼요. 예시 일기를 참고하여 물건이나 동물, 자연을 관찰한 일 등을 써 보아요.

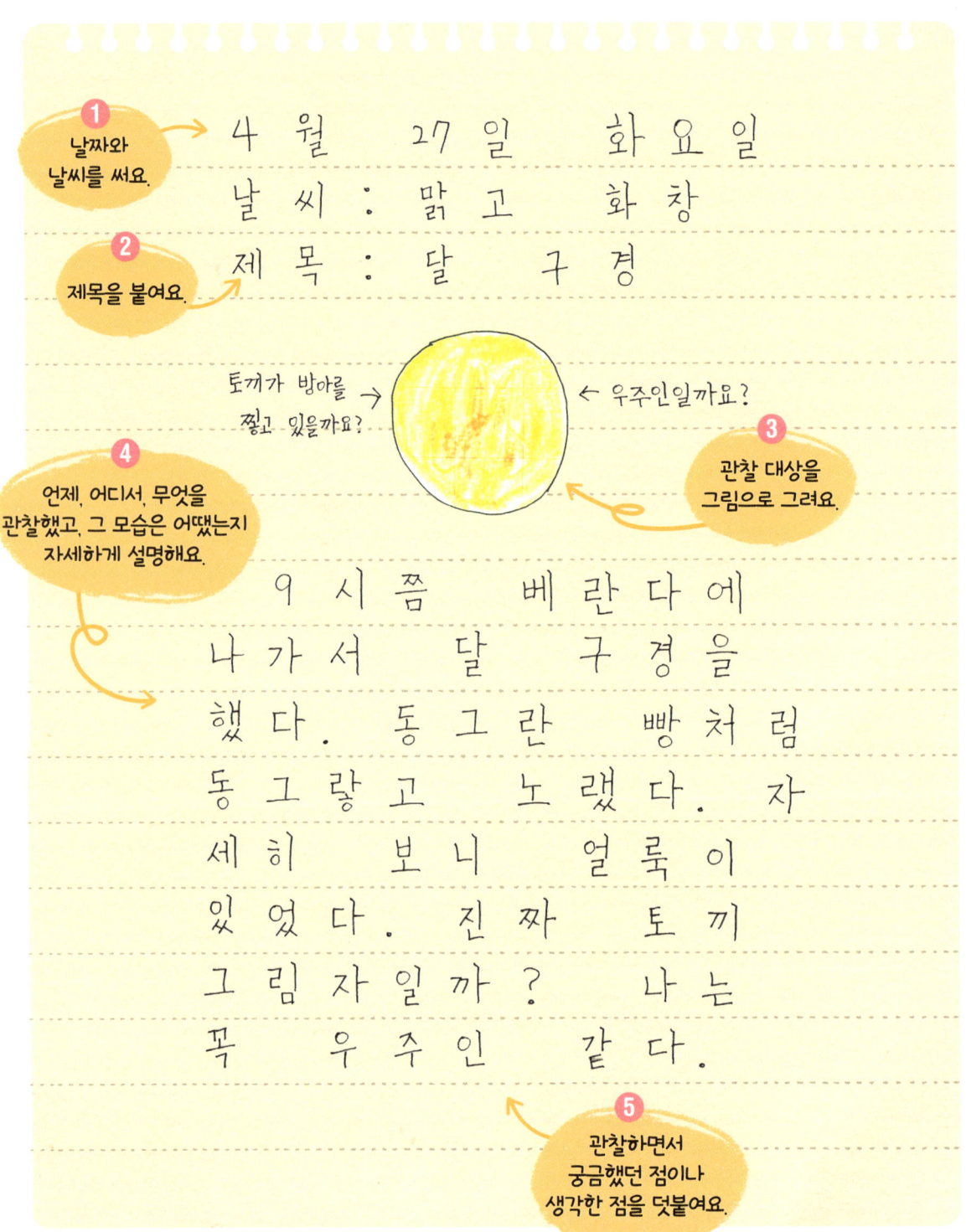

날짜:

날씨:

제목:

♣ 그림은 꼭 그리지 않아도 괜찮아요. 아니면 한쪽 구석에 그려도 돼요.

23일째 나만의 감상을 담은 독서록 쓰기

　학교에서 일기 다음으로 많이 내는 글쓰기 숙제가 독서록 쓰기일 거예요. 읽은 책의 내용과 감상을 정리하면 된다는데 막상 쓰려면 무엇을 어떻게 써야 할지 막막하지요.
　독서록을 잘 쓰는 방법은 내용을 먼저 생각하기보다 어떤 형식으로 쓸지 정한 다음, 그에 맞추어 생각을 정리하는 거랍니다.

　독서록은 여러 가지 형식으로 쓸 수 있어요. 줄거리를 요약하고 감상을 적는 방식뿐만 아니라 명장면을 그리거나 광고를 만들거나 만화로 표현할 수 있지요. 그 외 마인드맵 만들기, 편지 쓰기, 인터뷰하기, 상장 만들기, 뒷이야기 상상하기, 주인공 되어 보기 등의 형식이 있어요.
　독서록을 쓸 때는 먼저 날짜, 책 제목, 지은이, 출판사 등 책에 대한 기본 정보를 쓴 다음, 위의 형식 중 하나를 골라 자유롭게 쓰면 돼요.

　오늘은 명장면 그리기, 줄거리와 감상 쓰기, 편지 쓰기의 방법으로 연습해 볼게요.

📝 연습일   월   일

〈독서록 쓰기 열 가지 형식〉

1 명장면 그리기
표지나 책 속 명장면을 골라 그림으로 그리고, 관련 내용 쓰기

2 줄거리와 감상 쓰기
줄거리를 요약하고 그에 대한 생각과 느낌 쓰기

3 마인드맵 만들기
제목을 주제어로 하여 책 내용과 떠오르는 생각들을 낱말로 연관 짓기

4 편지 쓰기
주인공이나 다른 등장인물, 혹은 작가에게 하고 싶은 말 쓰기

5 상장 만들기
주인공을 칭찬하거나 격려하는 상장 만들기

6 광고 만들기
주인공이나 표지 그림을 그리고, 궁금증을 불러일으키는 문구 만들기

7 만화 그리기
주인공이 겪은 재미있는 상황을 4~8컷 정도의 만화로 그리기

8 인터뷰하기
주인공에게 궁금한 점을 묻고 답하기

9 뒷이야기 상상하기
이야기가 끝난 후 주인공이 어떻게 될지 상상하여 쓰기

10 주인공 되어 보기
내가 주인공이라면 어떻게 할지 상상하여 쓰기

사각사각 예쁜 글씨로 즐겁게 글쓰기

명장면 그리기로 독서록 쓰기

책의 표지나 책 속에 있는 그림들 중에서 마음에 드는 그림을 하나 골라 그리고, 어떤 장면인지 간단히 설명해 보아요.

읽은 날: 2019년 3월 22일 월요일
책 이름: 한글을 만든 빛나는 임금 세종대왕
지은이: 노지영
펴낸 곳: 다락원

〈명장면 그리기〉

❶ 날짜와 책의 기본 정보를 적어요. 책 제목, 지은이, 그린이, 펴낸 곳(출판사)을 쓰는 거예요.

❷ 책의 표지나 책 속의 인상적인 장면을 그려요. 색칠도 하면 좋아요.

세종대왕님은 아들들을 불러 입 모양을 관찰하고 한글을 만들었다. 왜냐하면 백성들이 어려운 한자를 몰라 고생했기 때문이다. 한글은 소리나는 대로 써서 쉽게 깨칠 수 있었다. 세종대왕님은 백성을 정말 사랑하는 것 같다. 한글을 바르게 사용해야겠다.

❸ 어떤 장면인지 간단히 소개해요.

날짜:	
책 이름:	
지은이:	펴낸 곳:

명장면

줄거리와 감상으로 독서록 쓰기

줄거리를 요약하고 주인공이나 중심 사건에 대한 감상을 덧붙여 보아요.

읽은 날: 2019년 4월 1일 목요일
책 이름: 여우의 전화박스
지은이: 도다 가즈요
펴낸 곳: 크레용하우스

〈줄거리와 감상 쓰기〉

① 줄거리

　엄마 여우는 아기 여우를 하늘나라에 보내고 너무 슬펐다. 그러다 전화박스에서 어떤 사내아이를 보았다. 사내아이는 병원에 입원한 엄마랑 매일 저녁에 전화를 하는 것이었다. 엄마 여우도 사내아이처럼 아기 여우와 이야기를 하였다. 그런데 어느 날 전화박스에 불이 켜지질 않아 엄마 여우가 전화박스가 되어 주었다. 그래서 사내아이는 엄마랑 무사히 전화를 할 수 있었다.

② 감상

　엄마 여우가 불쌍하다. 전화박스가 되면서 죽은 것 같다. 그러면 먼저 죽은 아기 여우와 만나게 되었을까? 사내아이의 엄마는 병이 다 나았을까? 사내아이의 엄마가 병이 다 나으면 꼭 엄마 여우에게 은혜를 갚았으면 좋겠다.

① 날짜와 책 제목, 지은이, 그린이, 출판사를 써요. 날짜는 기록한 날을 써도 돼요.

② 주인공에게 일어난 일을 중심으로 줄거리를 써요. 중심 사건 3~5가지를 시간 순서대로 쓰면 돼요.

③ 주인공이나 인상적인 사건에 대한 전체적인 감상을 덧붙여요. 어떤 감정을 왜 느꼈는지 써도 좋아요.

날짜:	
책 이름:	
지은이:	펴낸 곳:

줄거리

감상

편지 형식으로 독서록 쓰기

주인공이나 다른 등장인물, 혹은 작가에게 하고 싶은 말을 편지로 써 보아요. 책 내용과 관련한 이야기를 하거나 궁금한 점 등을 물을 수 있어요.

읽은 날: 2019년 4월 7일 수요일
책 이름: 마법의 설탕 두 조각
지은이: 미하엘 엔데
펴낸 곳: 소년한길

1 날짜와 책 제목, 지은이, 그린이, 출판사를 써요.

〈편지 쓰기〉

렝켄에게

2 받는 사람을 쓰고, 인사를 해요.

← 마법의 설탕

렝켄, 안녕?

이제는 부모님 말씀 잘 듣고 있니? 한 번 호되게 당했으니까 부모님을 골탕먹일 생각은 이제 안 날 거야. 네가 책에서 부모님께 마법의 설탕을 먹게 했잖아. 나는 그때 좀 깜짝 놀랐어. 부모님이 작아질 것이 뻔한데도 네가 그냥 주니까.

3 간단히 안부를 묻고, 하고 싶은 말을 써요.

부모님이 작아지니까 불편한 점이 엄청 많았지? 나도 한번 상상을 해 보았어. 우리 엄마, 아빠가 작아지면 어떻게 될지 말이야. 생각만 해도 끔찍해. 밥도 못 먹고, 밤에는 무척 무서울 것 같아. 또 도둑이 들면 아주 큰 일이 날 거야.

렝켄!
이제부터는 절대 그런 일 하면 안 돼!!!
그럼 부모님과 잘 지내고 너도 행복해지렴.

준석이가

4 당부의 말을 쓰고 끝인사를 한 다음, 보내는 사람 이름을 써요.

날짜:

책 이름:

지은이: 펴낸 곳:

_____에게

_____(이)가

24일째 한눈에 알아보는 노트 필기하기

학년이 올라갈수록 공부할 과목이 많아지고 교과서도 두꺼워져요. 이럴 때 노트 필기를 하면 아무리 복잡하고 많은 내용도 핵심만 콕콕 집어서 정확하게 이해하고 빠르게 암기할 수 있어요. 그러면 어떻게 노트 필기를 할까요?

노트 필기를 할 때는 제목을 쓰고 번호를 붙여 내용을 요약, 정리하는 게 가장 중요해요. 그리고 복잡한 내용은 표로 정리하거나 그림을 곁들이면 좋아요. 중요한 내용은 밑줄을 긋거나 형광펜으로 표시하면 나중에 암기할 때 좀 더 주의 깊게 볼 수 있어요.

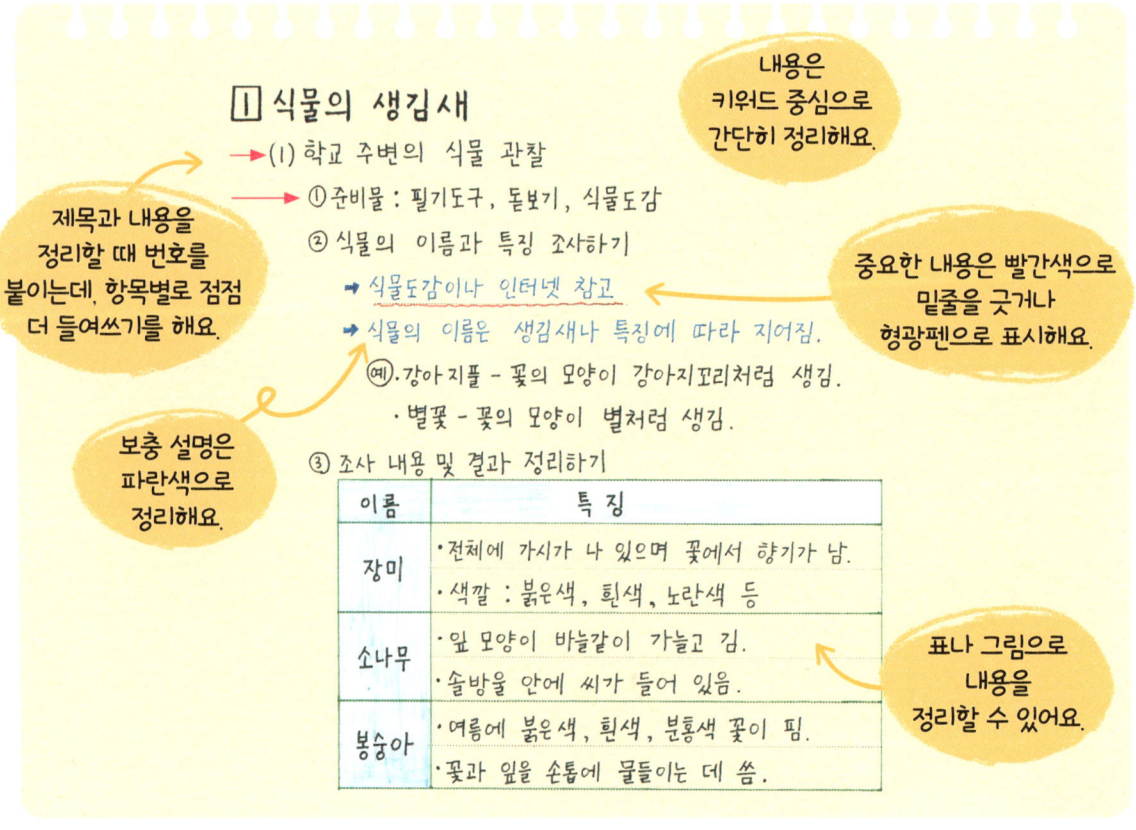

✏️ 연습일   월   일

🐱 노트 필기의 기본 연습

　노트 필기의 기본은 제목과 내용을 정리하는 거예요. 이때 각 제목과 내용에 따라 번호를 구별하여 붙이고, 들여쓰기를 해야 해요. 그래야 한눈에 어떤 내용인지 명확히 알아볼 수 있어요. 다음 노트 필기를 보고 그대로 따라 써 보아요.

```
1 식물의 생김새
  (1) 학교 주변의 식물 관찰
    ① 준비물 : 필기도구, 돋보기, 식물도감
    ② 식물의 이름과 특징 조사하기
      → 식물도감이나 인터넷 참고
      → 식물의 이름은 생김새나 특징에 따라 지어짐.
        예) ・강아지풀 - 꽃의 모양이 강아지꼬리처럼 생김.
            ・별꽃 - 꽃의 모양이 별처럼 생김.
```

표를 만들어 노트 필기하기

이번엔 표가 있는 노트 필기를 연습해 보아요. 표는 비교하는 내용이나 분석하는 내용을 정리할 때 유용해요. 자를 이용하면 표를 더욱 깔끔하게 그릴 수 있어요.

③ 조사 내용 및 결과 정리하기

이름	특징
장미	• 전체에 가시가 나 있으며 꽃에서 향기가 남. • 색깔 : 붉은색, 흰색, 노란색 등
소나무	• 잎 모양이 바늘같이 가늘고 김. • 솔방울 안에 씨가 들어 있음.
봉숭아	• 여름에 붉은색, 흰색, 분홍색 꽃이 핌. • 꽃과 잎을 손톱에 물들이는 데 씀.

그림을 그려 노트 필기하기

이번엔 그림이 있는 노트 필기를 연습해 보아요. 그림은 과학이나 역사 필기를 할 때, 설명 대상을 좀 더 정확하게 이해할 수 있도록 도와줘요.

> (1) 암석과 지층 ★
> ① 암석 : 자연의 고체 알갱이들이 모여 단단하게 굳어진 덩어리
>   → '돌'이라고 부르는 것
> ② 지층 : 암석이 여러 층으로 쌓여 있는 것
>   ↳ 나란한 줄무늬 층이 보여야 지층
>
> 지층 (O)   지층 (X) 암석 (O)

25일째 정성이 담긴 원고지 쓰기

원고지 쓰기는 언뜻 보면 복잡해 보이지만 알고 보면 그리 복잡하지 않아요. 원고지를 쓰는 규칙만 잘 지키면 되거든요.

기본 규칙은 한 칸에 글자를 한 자씩 쓰는 거예요. 그런데 숫자나 알파벳은 두 자씩 쓰기도 해요. 원고지 쓰기의 4가지 기본 규칙은 다음과 같아요.

❶ 글자는 원고지 한 칸에 한 자씩 써요.

| | 글 | 쓰 | 기 | 는 | | 꽤 | | 즐 | 거 | 워 | 요 | . |

♣ 글을 시작하는 첫머리나 새 단락을 시작할 때는 앞 칸을 비우고 둘째 칸부터 써요.

❷ 숫자는 한 칸에 한 자 또는 두 자씩 써요.

❸ 알파벳은 한 칸에 한 자 또는 두 자씩 써요.

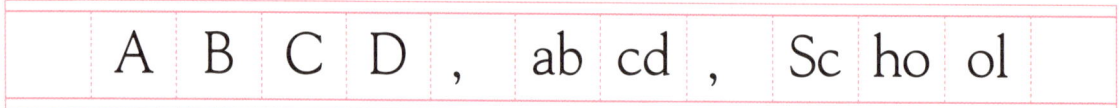

❹ 로마 숫자는 한 칸에 한 자씩 써요.

이제 이를 토대로 문장 부호 쓰기와 원고지 첫 장 쓰기를 연습해 보아요.

📝 연습일   월   일

🐱 문장 부호 쓰기 연습

　문장 부호를 사용할 때 어떤 규칙을 지켜야 하는지 확인하고, 원고지에 쓰인 내용을 그대로 따라 써 보아요.

🍎 **마침표(.)**: 문장이 끝났을 때 사용해요. 문장이 이어지면 한 칸을 띄지 않고 바로 쓰고, 원고지의 마지막 칸에서 문장이 끝나면 글자 옆에 마침표를 써요.

	어	제		엄	마	가		김	밥	을		만
들	어		주	셨	다	.		참		맛	있	었 다.

♣ 새로운 내용이 나오지 않고 이어지는 글을 쓸 때는 첫 칸을 채워서 써요.

🍎 **쉼표(,)**: 어구를 연결하거나 낱말을 나열할 때 사용해요. 다음 낱말을 쓸 때 한 칸을 띄지 않고 바로 써요.

	송	이	는		포	도	,	바	나	나	,	딸
기	,		수	박	을		좋	아	해	요	.	

🍎 **물음표(?)**: 물어볼 때 사용해요. 문장이 이어지면 다음 한 칸을 띄어 써요.

	그		새		옷		어	디	에	서		샀
니	?		나	에	게		말	해		줘	.	

🍎 **느낌표(!)**: 놀라움이나 느낌을 나타낼 때 사용해요. 문장이 이어지면 다음 한 칸을 띄어 써요.

| | 어 | 머 | 나 | ! | | 정 | 말 | 예 | 쁘 | 다 | ! |

🍎 **큰따옴표(" ")**: 대화문을 쓸 때 사용해요. 앞의 큰따옴표는 원고지 둘째 칸에 써요. 대화문이 끝날 때까지는 첫 칸을 계속 비워 둡니다. 문장이 끝나면 마침표와 큰따옴표는 한 칸에 같이 쓰고, 물음표나 느낌표를 쓸 때는 다음 칸에 큰따옴표를 써요.

| | " | 야 | , | 잠 | 깐 | 만 | | 이 | 리 | 와 | ." |
| | " | 왜 | ? | " | | | | | | | |

🍎 **작은따옴표(' ')**: 생각을 나타낼 때나 강조하고 싶은 낱말이 있을 때 사용해요.

	'	집	에		가	고		싶	다	.'	
	'	펜	'	이		'	칼	'		보	다		강
합	니	다	.										

🍎 **말줄임표(……)**: 말을 줄일 때, 또는 말이 없음을 나타낼 때 사용해요. 한 칸에 가운데 점을 세 개씩 찍어요. 말줄임표를 사용한 뒤에는 다음 칸에 마침표나 쉼표를 써요.

	"	말	도		안		돼	…	…	."	
	곡	식	에	는		벼	,	보	리	,	조	,
…	…	,		수	수		등	이		있	습	니	다.

원고지 첫 장 쓰기 연습

독후감을 예시로 원고지의 첫 장 쓰기 연습을 할 거예요. 원고지를 처음 시작할 때는 보통 다음과 같은 형식으로 써요. 제목, 학년, 반, 이름을 어느 칸에 쓰는지 잘 확인하고, 빈 원고지에 그대로 따라 써 보아요.

글의 제목은 둘째 줄 가운데에 써요. 책 제목이 따로 있다면 그 아래에 써요.

학교, 학년과 반, 이름을 차례로 쓰고, 각 줄 끝에는 두세 칸이 남도록 해요.

한 줄을 비운 다음 글을 시작하되, 맨 첫 칸은 비우고 써요.

			고	마	움	을		모	르	는		소	년		
	<	아	낌	없	이		주	는		나	무	>	를		읽	고
									이	을	초	등	학	교
									3	학	년		1	반
											정	유	원

| | 소 | 년 | 은 | | 매 | 일 | 매 | 일 | | 나 | 무 | 에 | | 가 | 서 | | 놀 | 았 | 다. |

26일째 ○	27일째 ○	28일째 ○	29일째 ○	30일째 ○
여러 가지 글씨체 따라 쓰기	나만의 글씨체로 동시 따라 쓰기	나만의 글씨체로 동화 따라 쓰기	캘리그라피 맛보기	개성 듬뿍! 다이어리 꾸미기

반짝반짝
나만의 글씨체 뽐내기

여러 가지 글씨체 따라 쓰기

지금까지 우리는 가장 기본이 되는 글씨체인 단정체와 정자체를 차례로 연습해 보았어요. 이 두 글씨체만 제대로 익혀 두면 언제 어떤 상황에서 글씨를 쓰든 바르고 예쁜 글씨를 쓸 수 있어요.

그런데 요즘에는 손글씨가 유행하면서 저마다의 개성을 듬뿍 담은 자기만의 글씨를 쓰는 사람들이 많아졌어요. 그래서 우리도 다양한 글씨체를 한 번 만나 보려고 해요.

기본 글씨체로 글씨를 쓸 때는 각 글자의 전체 크기에 맞춰 자음자와 모음자의 크기를 알맞게 조절하여 써요. 하지만 꼭 이렇게 써야 하는 법은 없기 때문에 **자음자를 더 크게 쓰거나 모음자를 더 길게 쓰는 등 다양하게 변화를 줄 수 있어요.** 아래 그림처럼요.

강을 건너지 마오	단정체
강을 건너지 마오	정자체
강을 건너지 마오	HY엽서체 — 자음자를 크게
강을 건너지 마오	HY나무체 — ㅇ(이응)은 작게, 모음자는 길게
강을 건너지 마오	DX하얀토끼 — 모음자를 휘어지게

그럼 이제 여러 가지 글씨체를 따라 써 보면서 나만의 글씨체를 찾아보아요. 기본 글씨체에 어떤 변화를 줄지 생각해 보세요.

📝 **연습일   월   일**

🐰 자음자 크게 쓰기

자음자를 큼직하게 써 보아요. 자음자와 모음자의 크기가 거의 비슷하게 써요.

🍎 **가나다 낱자 쓰기**: ㄱ의 가로선은 조금 내려 쓰고, ㄴ과 ㄷ의 가로선은 조금 올려 써요.

가	나	다	라	마	바	사	아	자	차
가	나	다	라	마	바	사	아	자	차
카	타	파	하	까	따	빠	싸	짜	
카	타	파	하	까	따	빠	싸	짜	

🍎 **낱말 쓰기**

학	교	방	학	운	동	장	놀	이	터
학	교	방	학	운	동	장	놀	이	터

🍎 **문장 쓰기**

뿌리 깊은 나무는 바람에 흔들리지 않는다.

ㅇ(이응)자 작게 쓰기

ㅇ(이응)자를 다른 자음자보다 작게 써 보아요. 그 외의 자음자와 모음자의 가로선은 수평으로, 세로선은 수직으로 써요.

🍎 **가나다 낱자 쓰기**: 선을 단정체보다 더 똑바로 긋고, ㅇ(이응)자는 작게 써요.

가	나	다	라	마	바	사	아	자	차
가	나	다	라	마	바	사	아	자	차
카	타	파	하	까	따	빠	싸	짜	
카	타	파	하	까	따	빠	싸	짜	

🍎 **낱말 쓰기**

안	경	공	책	지	우	개	색	연	필
안	경	공	책	지	우	개	색	연	필

🍎 **문장 쓰기**

샘이 깊은 물은 가뭄에도 마르지 않는다.

모음자 휘어지게 쓰기

모음자를 휘어지게 써 보아요. 이때 자음자는 모음자와 비슷한 크기로 큼직하게 써요.

🍎 **가나다 낱자 쓰기**: 모음자의 세로선을 조금 휘어지게 써요.

가	나	다	라	마	바	사	아	자	차
가	나	다	라	마	바	사	아	자	차
카	타	파	하	까	따	빠	싸	짜	
카	타	파	하	까	따	빠	싸	짜	

🍎 **낱말 쓰기**

딱	지	피	구	줄	넘	기	태	권	도
딱	지	피	구	줄	넘	기	태	권	도

🍎 **문장 쓰기**

뻐꾸기가 울고 버들 숲이 푸르다.

27일째 나만의 글씨체로 동시 따라 쓰기

지난 시간에는 여러 가지 글씨체를 따라 써 보았어요. 이번에는 다양한 글씨체들을 응용하여 나만의 글씨체를 만들어 볼 거예요.

🐰 나만의 글씨체 연습하기

자음자와 모음자의 모양과 크기를 생각하며 나만의 글씨체를 만들어 보아요. 아래 주어진 낱말 중에서 몇 가지를 골라 나만의 글씨체로 써 보세요. 손에 익숙해질 때까지 여러 번 반복해서 연습해요.

| 달 | 강 | 꽃 | 밤 | 해 | 하늘 | 구름 | 바다 |

✏️ 연습일   월   일

🐰 나만의 글씨체로 동시 쓰기

앞서 나만의 글씨체를 만들어 보았나요? 이제 이 글씨체로 주어진 동시를 따라 써 보아요.

🍎 김소월 시인의「엄마야 누나야」

엄마야 누나야

김소월

엄마야 누나야 강변 살자
뜰에는 반짝이는 금모래 빛
뒷문 밖에는 갈잎의 노래
엄마야 누나야 강변 살자

🍎 윤동주 시인의 「오줌싸개 지도」

오줌싸개 지도

윤동주

빨랫줄에 걸어논
요에다 그린 지도
지난밤에 내 동생
오줌 싸 그린 지도

꿈에 가 본 엄마 계신
별나라 지돈가?
돈 벌러 간 아빠 계신
만주 땅 지돈가?

박목월 시인의 「물새알 산새알」

물새알 산새알

박목월

물새알은
건강하고 짭조름한
미역 냄새
바람 냄새

산새알은
달콤하고 향긋한
풀꽃 냄새
이슬 냄새

♣ 총 6연 중 3연과 4연

28일째 나만의 글씨체로 동화 따라 쓰기

지금까지 갈고닦은 실력을 발휘해 볼까요? 나만의 글씨체로 주어진 동화의 일부분을 따라 써 보아요.

🍎 **로버트 루이스 스티븐슨의 『보물섬』 쓰기**

보물섬에 대해 이야기하려면 아버지께서

'벤보'라는 여인숙을 운영하던 시절로

거슬러 올라가야 한다.

나는 '선장'이 우리 집에 나타났던 그 날을

어제 일처럼 생생히 기억한다.

✏️ 연습일   월   일

그는 선원들이 쓰는 옷상자를 손수레에

싣고 온 짐꾼의 뒤를 따라 뚜벅뚜벅

문 안으로 들어섰다. 그는 키가 크고

어깨가 딱 벌어졌으며, 햇볕에 그을려

검붉게 된 얼굴엔 칼자국이 나 있었다.

🍎 오스카 와일드의 『행복한 왕자』 쓰기

내가 살아서 인간의 심장을 가지고 있을 때는

눈물이 무엇인지 몰랐단다.

나는 즐겁고 편안한 궁전에서 평생을 보냈어.

낮에는 정원에서 친구들과 함께 놀고,

저녁이면 성대한 연회를 열어

즐겁게 춤을 추곤 했지.

높은 담장이 궁전을 둘러싸고 있어서

밖이 보이지도 않았지만, 나 자신도 그 너머에

무엇이 있는지 생각해 본 적이 없었어.

부족할 것 없이 너무나 행복했기 때문이야.

신하들과 하인들은 나를

'행복한 왕자'라고 불렀단다.

만일 '즐거움'이 행복이라면 나는 정말 행복했어.

하지만 지금은 아니야. 죽고 나서야 알게 됐어.

29일째 캘리그라피 맛보기

글씨는 쓰는 걸까요, 그리는 걸까요? 보통 글씨는 '쓴다'고 하고, 그림은 '그린다'고 하지요. 그런데 그림처럼 그리는 글씨가 있어요. 바로 캘리그라피예요. 캘리그라피는 글씨를 하나의 예술작품처럼 아름답게 쓰는 거지요.

글씨를 쓸 때는 선을 똑바로 긋는 것이 중요했지요? 반면 캘리그라피는 선을 직선으로 긋는 것이 아니라 부드럽게 곡선 느낌으로 그리는 거예요. 단정체 글씨와 캘리그라피 글씨를 비교해 볼까요?

〈단정체 글씨〉	〈캘리그라피 글씨〉
할 수 있어!	할수있어!
누구나 서툰 처음이 있는 거란다	누구나 서툰 처음이 있는 거란다

캘리그라피 글씨를 보면 마치 흘려 쓴 것처럼 가로선과 세로선이 똑바르지 않아요. 그리고 선의 굵기도 일정하지 않지요. 한 자음자 안에서도 굵은 선과 얇은 선이 함께 있어요. 예를 들어 'ㅅ(시옷)'을 보면 첫 획은 굵고 두 번째 획은 얇아요.

📝 연습일   월   일

이렇게 캘리그라피 글씨의 선은 자유롭답니다. 그래서 선을 다양하게 표현하기 위해 연필이나 볼펜보다 붓펜을 많이 사용해요. 붓펜은 선의 굵기를 다양하게 표현할 수 있어요. 그런데 아주 부드러워서 선을 그릴 때 힘을 잘 조절해야 해요.

그럼 이제 붓펜을 준비하여 캘리그라피 선 그리기 연습부터 시작해 보아요. 충분히 연습한 뒤, 낱말 쓰기 연습을 해 보세요.

캘리그라피 기초 연습

🍎 **선 그리기**: 붓펜은 연필을 잡을 때보다 1~1.5cm 위를 잡아서 써요.

붓을 눕힐수록 굵게 쓸 수 있어요.	빠르게 쓰면 선의 끝부분이 뾰족해져요.
손목을 부드럽게 움직여 구불거리게 그려요.	곡선 연습을 좀 더 해 보아요.

🍎 **자음자 쓰기**: 기본 선과 곡선 긋기를 적용하여 자음자를 써요.

ㄱㄴㄷㅅ	ㅅㅈㅊ
ㄱ, ㄴ, ㄷ, ㅅ을 각지지 않게 둥글려 써요.	빠르게 긋는 선으로 ㅅ, ㅈ, ㅊ의 끝을 흘려 써요.
ㄹㄹㄹㄹ	ㅁㅂㅎ
곡선으로 길게 흘려서 ㄹ을 다양하게 써요.	기본 선과 곡선으로 ㅁ, ㅂ, ㅎ을 써요.

🐰 **캘리그라피 낱말 쓰기**

자음자와 모음자를 결합하여 낱말 쓰기를 연습해 보아요. 두 자로 이루어진 낱말은 각 글자가 서로 조화를 이루도록 써요.

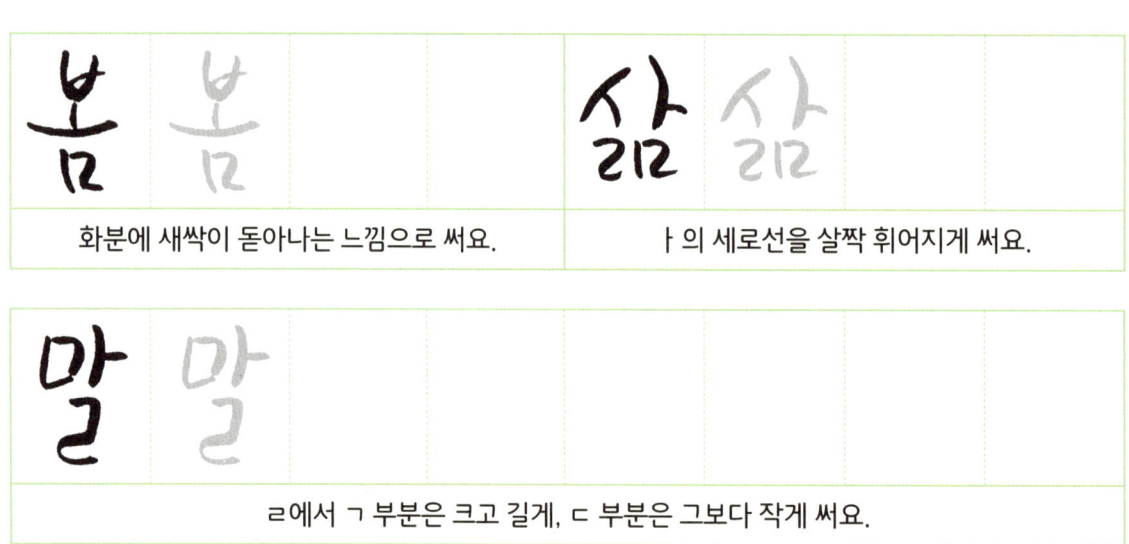

화분에 새싹이 돋아나는 느낌으로 써요.	ㅏ의 세로선을 살짝 휘어지게 써요.

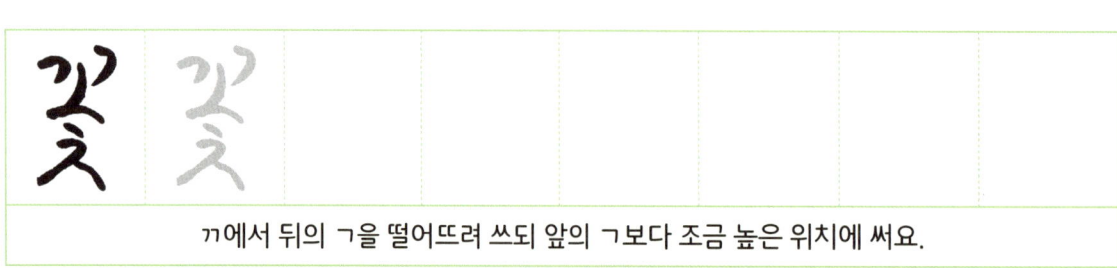

ㄹ에서 ㄱ 부분은 크고 길게, ㄷ 부분은 그보다 작게 써요.

ㄲ에서 뒤의 ㄱ을 떨어뜨려 쓰되 앞의 ㄱ보다 조금 높은 위치에 써요.

모음 ㅜ와 ㅡ의 가로선은 위아래 반대 방향으로 휘어지게 써요.

ㅐ의 두 번째 세로선과 ㅂ의 두 번째 세로선이 평행이 되게 써요.

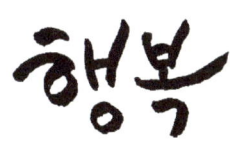

ㄹ은 흘려 써요.

ㅗ는 숫자 2처럼 세로선과 가로선을 한 번에 이어서 써요.

ㅎ은 획을 모두 부드럽게 이어서 써요.

ㄱ은 물음표(?) 느낌이 나도록 써요.

개성 듬뿍! 다이어리 꾸미기

30일째

드디어 글씨 쓰기 연습을 마무리할 시간이에요. 마지막으로 일상생활 속에서 가장 활용도가 높은 다이어리 꾸미기를 해 보려고 해요. 다이어리에 앞으로 할 일과 이미 한 일들, 그리고 내 생각들을 적으면 하루하루를 아주 알차게 보낼 수 있어요.

이때 글씨를 예쁘게 쓰는 것은 물론 여러 가지 색깔 펜을 이용해 내용을 구분하면 눈에 더 잘 띄고, 간단한 그림을 그리거나 스티커를 붙이면 더 예쁘게 다이어리를 꾸밀 수 있답니다. 글씨뿐만 아니라 그림이나 스티커, 펜 색깔 등으로 나만의 개성을 뽐내는 거예요.

다이어리를 적을 땐 다음과 같이 크게 세 부분으로 구분할 수 있어요.

❶ 한 달 계획 작성하기　❷ 하루 일과 기록하기　❸ 감상 쓰기

한 달 계획은 다이어리 달력에 한 달 동안 나에게 예정된 일, 내가 해야 할 일 등을 적는 거예요. 반면 하루 일과와 감상은 내가 한 일을 기록하는 거지요. 그럼 이제 예시를 보며 다이어리 꾸미기에 도전해 보아요.

📝 연습일   월   일

🐰 한 달 계획 작성하기

　다이어리 달력 페이지에 한 달 계획을 적어 보아요. 생일 같은 기념일과 중요한 학교 행사, 가족 모임, 시험이나 대회, 친구들과의 약속 등을 적어요. 내용에 따라 알맞은 스티커를 붙이거나 그림을 그려도 좋아요.

일요일	월요일	화요일	수요일	목요일	금요일	토요일

🐰 하루 일과 기록하기

다이어리에는 계획이나 일정만 쓰는 것이 아니라 오늘 하루를 어떻게 보냈는지 쓰기도 해요. 하루 일과를 기록하면 주어진 시간을 얼마나 제대로 사용하는지 정확히 알고 반성할 수 있거든요. 아침에 일어난 시간부터 공부한 시간, 휴식 시간, 독서 시간, 숙제한 시간 등 오늘 한 일을 시간별로 솔직하게 모두 적어 보세요.

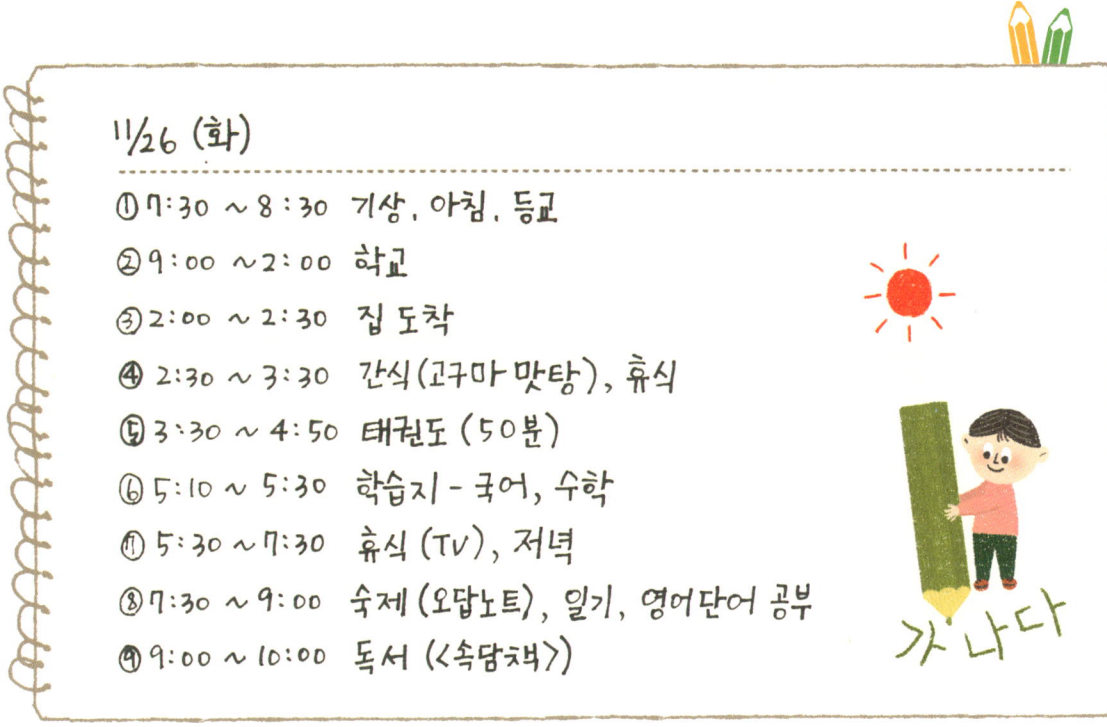

11/26 (화)
① 7:30 ~ 8:30 기상, 아침, 등교
② 9:00 ~ 2:00 학교
③ 2:00 ~ 2:30 집 도착
④ 2:30 ~ 3:30 간식(고구마 맛탕), 휴식
⑤ 3:30 ~ 4:50 태권도 (50분)
⑥ 5:10 ~ 5:30 학습지 - 국어, 수학
⑦ 5:30 ~ 7:30 휴식 (TV), 저녁
⑧ 7:30 ~ 9:00 숙제 (오답노트), 일기, 영어단어 공부
⑨ 9:00 ~ 10:00 독서 (〈속담책〉)

😊 감상 쓰기

마지막으로 나의 다양한 경험을 다이어리에 기록할 수 있어요. 영화를 본 일, 책을 읽은 일, 전시회에 간 일, 유적지에 견학 간 일 등 마음을 살찌운 다양한 경험들을 남기는 거지요. 이때 무엇을 했는지, 어디에 갔는지, 누구와 함께했는지, 그리고 어떤 내용을 경험하고 그에 대해 어떤 생각을 했는지 정확히 써 보세요.

5/25 (토)
〈마크 로스코 전시회〉
• 장소 : 예술의 전당 한가람 미술관
• 누구와 : 엄마, 오빠
• 감상 : 그림이 좀 이상했다. 아무것도 그려져 있지 않고 색깔만 칠해져 있었기 때문이다. 이런 그림을 색면추상(묘하게) 이라고 한다는데… 나는 지금은 별로 느낌이 없었다. 그런데 어떤 어른들은 아주 심각하게 보았다.

글씨 쓰기 연습장